CUSTOM i STUDY

カスタム アイ スタディ

小6

| 英語 | 国語 | 算数 |

| 理科 | 社会 |

about CUSTOM i STUDY

『カスタムアイスタディ』は、おしゃれが大スキな小学生のための問題集だよ！
おうちの方といっしょに、問題集・付録の使い方や、特集ページを読んでみてね☆

CONCEPT

1 小学6年生で習う5教科の基本が、この1冊で学べちゃう♪

2 「ニコ☆プチ」コラボの特集ページでやる気UP↑↑

3 手帳に予定を書きこんで、勉強も遊びも自分でカスタム☆

もくじ

問題集の使い方

すべての教科で、1単元1〜2ページの構成になっているよ。
1ページに2つの大きな問題があるから、1日に取り組む問題の数を
自分で決めることができるね。取り組むペースに迷ったら、
5ページの「スタディタイプ診断」で、自分にぴったりなコースを見つけよう!

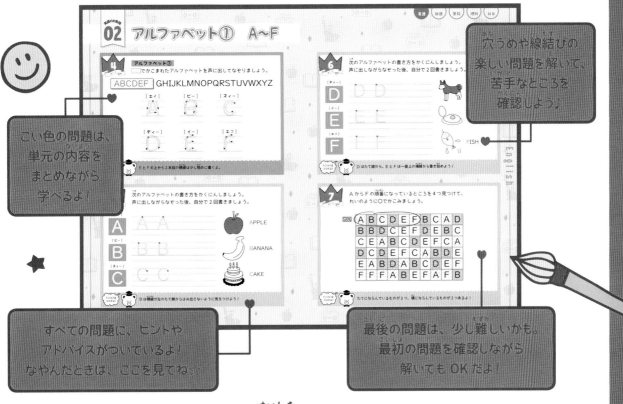

こい色の問題は、
単元の内容を
まとめながら
学べるよ!

穴うめや線結びの
楽しい問題を解いて、
苦手なところを
確認しよう♪

すべての問題に、ヒントや
アドバイスがついているよ!
なやんだときは、ここを見てね☆

最後の問題は、少し難しいかも。
最初の問題を確認しながら
解いてもOKだよ!

\ いろんな問題形式で楽しく学べちゃう♪ /

日記風

カード
風

ナゾトキ
風

会話風

手帳・シールの使い方

1週間ごとに問題集に取り組む予定を書きこんで、
クリアしたものをチェックしていくよ！
予定シールやデコシールをはって、自分だけのオリジナル手帳にカスタムしよう☆

スケジュール

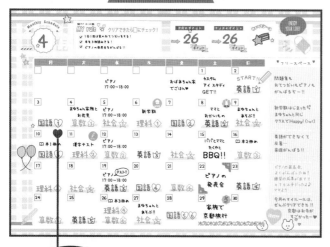

その日取り組む
問題番号を書きこむよ♪

How To Use

1 1週間分の予定を書きこむ。
↓
遊びや習いごとの予定も書いちゃお☆

2 その日クリアした予定を
チェックする。
↓
ペンやマーカーで
かわいくデコろう♪

3 1週間をふりかえる。

がんばった自分を
ほめてあげてね！

シール

メモ

お絵かきやちょっとした
メモ書きに。自由に使ってね♪

プロフィール

覚えておきたい情報や、
自分の成長の記録にもなるよ☆

時間割

スケジュールをたてるために、
時間割のチェックは大事！

「カスタムアイスタディ」をGETしたけど
最後まで続けられるかな？

プチ®
やまこしりさ
山腰理紗ちゃん

自分にぴったりの
「スタディタイプ」を見つけてね☆

「スタディタイプ診断」で「YES」「NO」に答えて
それぞれのタイプのスケジュールのたて方や
勉強テクをマネしてみよう！

プチ®
かわせすいこ
川瀬翠子ちゃん

スタディタイプ診断

START

流行のファッションを チェックしている	→No	負けずぎらいなほうだ	→Yes	予定を立てるのは ニガテ
↓Yes		↓No	No↙	↓Yes
好きなものは 最初に食べるほう？	→No	かわいいより かっこいいって いわれたい！		めんどう見がいいって よくいわれる
↓Yes	No↙		Yes↙	↓No
どちらかというと あまえるのが上手		その日に必ず やることを決めている		今、習いごとに夢中！
↓Yes	No↘ ↙No	↓Yes	No↙	↓Yes

毎日コツコツタイプ

自分のペースで少しずつ進めるタイプのあなたは、毎日1題ずつ取り組んでみよう！約半年でマスターできるよ☆

▶ p.006-007

サクサク先どりタイプ

あれもこれもちょう戦したいタイプのあなたは、毎日2題ずつ取り組んでみよう！約3ヶ月でマスターできるよ☆

▶ p.008-009

夢も勉強も欲ばりタイプ

やりたいことに一生けん命なあなたは、1週間に4題取り組んでみよう！約1年でマスターできるよ☆

▶ p.010-011

マイペースに少しずつ！
毎日コツコツタイプ

すご〜い!!

読書もピアノも
毎日少しずつ!!
1ヶ月でデキル子に
なる!!

平日のスケジュール

1日1回のおてつだい！
この日は朝から
がんばっちゃった☆

7:00	起きる
	お花の水やり→朝ごはん→通学
8:00	
	学校
16:00	きゅうけい→ピアノ教室へ！
17:00	ピアノのおけいこ
18:00	帰る
18:30	夕ごはん
19:30	学校のHWとカスタム
20:30	おふろ
21:30	ママとマッサージしあいっこ
22:00	読書
22:30	ねる

わたしの一日♡

この日、めっちゃ
スッキリねむれたなぁ。
なんでだろう？

ねる前の読書が
いいのかも？！

Monthly Schedule

4

MY rule　♡♡　クリアできたら□にチェック
- ☑ 1日1回は家のおてつだいをする！
- ☑ 本を3冊読みきる！
- ☑ ピアノの発表会をがんばる!!

月	火	水	木
□	□	□	□
		ピアノ 17:00〜18:00	
3	4 まゆちゃん家族とお花見	5 ピアノ 17:00〜18:00	6 新学期
国語①	算数①	社会☆	理科
10 📖本1冊め	11 漢字テスト	12 ピアノ 17:00〜18:00	13
国語③	理科②	算数②	英語
17	18	19 ピアノ 17:00〜18:00 テスト!!	20
理科③	社会☆	英語③	国語
24	25	26 📖本3冊	27
算数⑤	英語⑤	理科 算数	まゆちゃんとあそぶ!!

Point!!
毎日1問ずつ
解いていくのがポイント☆
時間を決めておくといいかも？
わたしはおふろの前！

『毎日コツコツタイプ』さんのトクチョウ

♯マイペース　　♯あまえ上手

友だちから「マジメ」「字がキレイ」とよく言われる！
そんなアナタは、自分のペースで努力を続けることができるはず☆
小さなコツコツを積み重ねて、1年後にはもっとステキな自分になろう！

ONE POINT 勉強や習いごとをがんばった日は、
ペンやシールでかわいくデコって、自分をほめちゃおう☆

休日の
スケジュール

今月のポイント 26 ポイント　　**ちょきんポイント** 26 ポイント

チョキンシール

ENJOY YOUR LIFE!

金	土	日
	1 カスタム アイ スタディ GET!!	2 START!! 英語①
ばあちゃん家 ごはん♥		
国語②	8 ママと おかいもの 英語②	9 まゆちゃんと あそぶ!! 社会☆②
社会③	15 パパとママと たくやと BBQ!!	16 本2冊め 算数③
算数⑧	22 ピアノの 発表会	23 英語④
語⑤⑥	29 家族で 京都旅行	30

♥フリースペース♥

問題集も
おてつだいもピアノも
がんばるぞー!!

新学期はじまった✧
まゆちゃんと同じ
クラスでHappy! (>◡<)

英語ができなくて
反省…
来週がんばる!!

ピアノの発表会、
よくがんばったね！
練習の成果が出てて
とても上手だったよ♪
ママより

今月のマイルールは、
ぜんぶクリアできた!!
京都はお寺が
すごかったー♥

LOVE♥?

8:30	起きる
	朝ごはん→したく
10:00	
	ママとおかいもの！
14:00	
15:00	きゅうけい！
	ピアノの練習
16:00	パパとたくやとおさんぽ
17:00	夕ごはんのおてつだい
18:00	夕ごはん
19:00	学校のHWとカスタム
20:00	おふろ
21:00	とりためてた ドラマをみんなで見る
22:30	
	ねる

勉強のお守り買ってもらったよ！
レンアイのお守りもほしかったな

休みの日も
しっかりコツコツ！

がんばれ！

いろんなことに興味シンシン！ サクサク先どりタイプ

Good Point！
朝の時間を活用してるんだね！

朝は問題を
1問解くって
決めてるの！

今月は予定が
いっぱい！
メリハリつけて
がんばるぞ～

平日のスケジュール

7:00	**起きる**
	カスタム
7:30	朝ごはん→通学
8:00	
	学校
16:00	
	英会話
17:30	きゅうけい！
18:30	学校の HW とカスタム
19:30	**夕ごはん**
20:30	おふろ
21:00	テレビ見ながら家族とおしゃべり
22:30	**ねる**

少しずつ英語を話せるようになって楽しい★めざせ！海外！

カッコイイ～

Monthly Schedule

5月

■マイルール■ MY rule ♥♡ クリアできたら□にチェック
- ☑ 塾の宿題は次の日におわらせる！
- ☑ 英会話でならった単語は、次の週までにおぼえる！
- ☑ 土日は家のお手伝いする！

月	火	水	木
1 英語♔ 国語♥	**2** 算数☆ 理科♔	**3** GOOD! おじいちゃんの家←	**4**
8 算数♔ 理科♔	**9** 英会話 16:00～17:30 社会☆ 英語♔	**10** おこづかい日♥ 国語♥ 算数☆	**11** 理科♔ 社会☆
15 理科♔ 社会☆	**16** 英会話 16:00～17:30 国語♥ 算数☆	**17** 理科♔ 社会☆	**18** 英語♔ 国語♥
22 あすとかいもの 国語♥ 算数☆	**23** 英会話 16:00～17:30 理科♔ 社会☆	**24** 遠足	**25** 英語♔ 国語♥
29	**30** 英会話 16:00～17:30 算数♔ 理科♔	**31** 音楽のテスト！ 社会 ☆	

今回の遠足では
ミュージカルを
見に行くんだって！
楽しみ～～♪

『サクサク先どりタイプ』さんのトクチョウ

#できるコ　　#たよれるリーダー

しっかり者で「かっこよくなりたい」コが多いタイプ！
アナタはきっと、自分みがきをがんばる努力家なはず☆
もっとデキル自分になるために、小さな目標を決めるといいよ♪

ONE POINT　約束やイベントがある日をカラフルにデコっちゃおう♡
その日にむかって、やる気もアップ！

休日のスケジュール

今月のポイント **43** ポイント

ちょきんポイント **85** ポイント

チェックシール

STUDY!!

金	土 6	日 7
♡♡ 旅行 とまり!! →	あすかの誕生日 社会☆	英語⑭ 国語⑩
00〜19:30 語⑭	13 国語⑫ 算数⑬	14 まきとあやと 遊園地
00〜19:30 数⑮	20 お母さんとあすかと ピクニック♪ 理科⑭	21 理科⑮ 社会☆
00〜19:30 算数⑯ 理科⑰	27 美容院	28 あやと映画& ショッピング 社会⑯

♥フリースペース♥

ひさしぶりに
おじいちゃんに会えた!!
庭でいっぱいあそんだ!!

遊園地にいくために、
カスタムも宿題も
しっかり頑張れたよ！

ピクニック、とても楽しかったね。
その日にできなかった勉強を、
次の日にしっかりやっていて、
とてもエライ!!!

遠足のミュージカル、
とっても感動した!!!
俳優さんたちが
とてもかっこよかった♥

歌のテスト、とっても
キンチョーした!!(>△<)
でも、先生に「上手!」
ってほめられたよ！

CHU!

	起きる
8:30	
	朝ごはん→したく
10:00	
	1週間の復習 & カスタム
12:00	
	お昼ごはん
13:00	
	友だちと映画 & ショッピング
17:30	
	家のおそうじ
18:30	
	おふろ
19:30	
	夕ごはん
20:30	
	YouTube 見たり 本を読んだり
22:30	
	ねる

妹といっしょに
アイドルのダンスを
見ながらおどるのが
すき♡

Point!!
休みの日は
午前中に勉強して、
午後は思いっきり
あそぶんだ〜♡

夢も勉強も欲ばりタイプ

どんなことでも一生ケンメイ！

#Morning Routine ♡
スッキリめざめて
1日ゲンキ！！

おはよ〜！

Good Point！
朝から
エネルギッシュ！

今月末は運動会！
1位になるために
がんばるよ！

平日のスケジュール

7:00	起きる
	ランニング
7:30	朝ごはん→通学
8:00	
	学校
16:00	
	きゅうけい！
17:00	バレエの練習
18:00	
	夕ごはんのおてつだい→夕ごはん
19:30	学校のHWとカスタム
20:30	おふろ
21:30	テレビ見ながらストレッチ
22:30	
	ねる

やらない日があってもOK！！
ムリのないペースで
がんばろう！

#Night Routine
毎日続けて
やわらかく
するぞー！！

Monthly Schedule

9月

MY rule ♡♡ クリアできたら□にチェック！
- ☑ 2日に1度は運動する！
- ☑ 運動会の50m走で1位をとる！
- ☑ 塾のテストで90点以上とる！！

月	火	水	木
3 新学期 算数⑲	**4** 理科⑰ 社会☆	**5** ゆうくんの🏠でゲーム大会！	**6** 塾 17:30〜
10 国語⑲	**11** 算数⑳	**12** 塾のテスト勉強！！	**13** 塾 17:30〜
17 英語⑱	**18** 国語⑳	**19** 新刊本発売日 算数㉑	**20** 塾 17:30〜 理科
24 社会☆	**25** さっきーバースデー 英語⑲	**26** 国語㉑ 算数	**27** 塾 17:30〜

この2日間は読みたい本が
あったから一気読みしちゃった
その分、土曜日にお勉強を
がんばったよ！！

『夢も勉強も欲ばりタイプ』さんのトクチョウ

#めちゃパワフル #カラダが先に動いちゃう

エネルギッシュで、「やりたい!」と思ったことはすぐに行動（こうどう）しちゃう!
自分がやりたいことは、先にしちゃってOK♪
後回しにしたことも、ちゃんとカバーできる人になっちゃおう★

ONE POINT 「勉強（べんきょう）できなかった💦」日は、夜のうちにスケジュールを
見直して、かわりの日をすぐ決（き）めちゃおう!

休日の
スケジュール

今月のポイント **18** ポイント

ちょきんポイント **101** ポイント

チェックシール

CHALLENGE
Welcome ♡

金	土	日
	1 英語⑯ 国語⑱	2 ★
エ 30～18:30	8 おばあちゃん→あみとあそぶ 英語⑰	9 家族で おかいもの 🛍
エ 30～18:30	15 理科⑱ 社会⑬	16 あみとさっきーと 映画みる
エ 30～18:30	22 算数㉑ 理科⑲	23 家族で 水族館 🐟
エ 30～18:30	29 運動会 🚩	30 🐰

♡フリースペース♡

夏休みおわっちゃった…。
でも、ひさしぶりに
みんなと学校で
会えるのうれしい✨

夏休みも楽しかったけど、
みんなと毎日会える方が
やっぱりいい!でも、
宿題はちょっとイヤかも…笑 ❤

塾のテスト、
いい点数とれた❤
テスト勉強してよかったー!

水族館すごくたのしかった!
ジンベイザメがかわいかった!
お父さんがジンベイザメの
ぬいぐるみ買ってくれたよ❤

運動会で一位とったね。
勉強も運動も頑張ってて
ステキだよ。

📷 @OK!!

休日のスケジュール

	起きる
9:00	
	朝ごはん→したく
10:00	
	おばあちゃんの 家にいく
12:00	お昼ごはん
13:00	
	友だちとあそぶ
17:30	塾（じゅく）のHWとカスタム
18:30	夕ごはん
19:30	
20:00	お母さんとおさんぽ
	おふろ
21:00	
	テレビ見ながらストレッチ
22:30	
	ねる

さすが!

この週はお母さんに
ほめられたよ◇

Point!!
お勉強（お）は一気に
終（お）わらせちゃう!
日曜日はゆっくりしたい
からネ!

学校へん

小学生が知りたい！ なんでも

小学生115人にきいてみたよ。
みんなに学校とおうちでのこといろいろ教えてもらっちゃった♪

Q ランドセルの色はなに色？

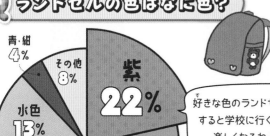

- 紫 **22%**
- ピンク **20%**
- 茶色 **19%**
- 赤 **14%**
- 水色 **13%**
- その他 **8%**
- 青・紺 **4%**

好きな色のランドセルにすると学校に行くのも楽しくなるね♪

ビビットピンクのランドセルの子もいてまさに十人十色だね！

Q 好きな教科は？

図工の授業が大人気だね☆
キミはなにを作りたい？

 1位 **図工** 2位 体育(たいいく) 3位 音楽

Q ニガテな教科は？

 1位 **算数** 2位 社会 3位 国語

ニガテな教科をこくふくすると、
楽しく勉強できるようになるかも♡

Q 好きな学校の行事(きょうじ)を教えて！

 1位 **遠足** 2位 運動会(うんどうかい)  3位 社会科見学
修学旅行(しゅうがくりょこう)

おやつを持っていくと盛り上がることまちがいナシ！

Q 学校ではなんのクラブ（部活(ぶかつ)）にはいってる？

1位 **手芸(しゅげい)クラブ**

2位 家庭科(かていか)クラブ
パソコンクラブ
バドミントンクラブ

Q 将来(しょうらい)の夢(ゆめ)はある？

- ない **27%**
- ある **73%**

今はまだ見つからなくてもダイジョウブ！あせらずに自分の好きなものやことを見つけることから始めよう！

Q 「ある」と答えた人は将来の夢を教えて！

薬(やく)ざい師(し)
イラストレーター
助産師(じょさんし)
アイドル
作家
じゅう医(い)
学校の先生
パティシエ
YouTuber

ランキング おうちへん

みんなの知りたかったことはあったかな？
学校とおうちでの過ごし方の参考にしてね。

Q 習いごとはしてる？
※複数回答あり

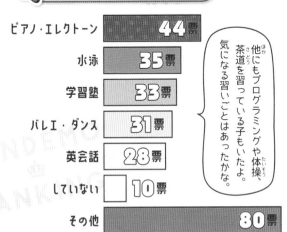

- ピアノ・エレクトーン **44**票
- 水泳 **35**票
- 学習塾 **33**票
- バレエ・ダンス **31**票
- 英会話 **28**票
- していない **10**票
- その他 **80**票

他にもプログラミングや体操、茶道を習っている子もいたよ。気になる習いごとはあったかな。

Q 朝ごはんはパン派？ご飯派？

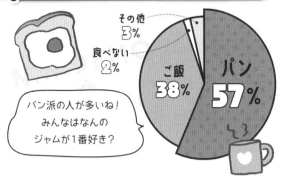

- パン **57%**
- ご飯 **38%**
- 食べない **2%**
- その他 **3%**

パン派の人が多いね！
みんなはなんのジャムが1番好き？

Q 毎日なん時ごろに起きてる？

- 1位 **6時30分**
- 2位 ～7時
- 3位 ～6時

Q スマホ・ケータイは持ってる？

- 自分専用のものを持っている **46%**
- 持っていない **34%**
- 家の人のものを持っている **20%**

スマホもケータイも便利だけど、安全に使うことが大事だよ！SNSとの付き合い方を考えよう。

Q 毎日なん時ごろにねてる？

- 1位 **21時台**
- 2位 22時台
- 3位 20時台

Q おこづかいは毎月いくらもらってる？

- 1位 **もらっていない**
- 2位 501～1000円
- 3位 301～500円

もらってない人の方が多いんだね！
もしもらえたらみんなはなににおこづかいを使う？

Q おこづかいはなにに使ってる？

- 1位 **文具**
- 2位 本
- 3位 飲み物
- 4位 友達との遊び
- 5位 コスメ

いろんな使い方があるね！
なにに使おうかなやんじゃう～！

モチベアップ・テク紹介

ニコ☆プチ読者モデル（プチ読）のみんなに毎日の勉強のモチベーションを
上げる方法をきいてみたよ。みんなにぴったりのテクが見つかるはず…！

01 文具

自分の好きなものに
囲まれて勉強することで
モチベアップ♡
文具にもこだわるよ。

プチ読のオススメ

- かわいいペンを使うよ！（ERENA ちゃん・小6）
- 筆箱は化しょうポーチにもなるような
  かわいいポーチにするとよい！（ゆちゃん・小6）
- かわいいガラの新しいグッズを
  ゲットするとやる気がでるよ。（RIRIN ちゃん・小6）

プチ読のオススメ

- 勉強後にYouTubeを見たり、ゲームをしたりすることを
  想像してモチベを上げるの♪（もなちゃん・小5）
- テストで 100 点とったらお父さんとお母さんから
  ごほうびがもらえる！（みーたんちゃん・小2）
- 勉強が終わったらおやつを食べられることにして
  モチベアップ！（キララちゃん・小2）

02 自分にごほうび

がんばった先にある
ごほうびタイムを
想像すれば、やる気が
みなぎってくる！

03 勉強机にひと工夫

勉強机も素敵にデコレーション
してモチベアップ！座りたい
机まわりにすることで、宿題を
やりたくなっちゃうかも！？

プチ読のオススメ

- K-POP 大人気グループのグッズを置いて
  モチベアップ♡（みゆちゃん・小5）
- 机の横にぬいぐるみを置いて集中！（りおなちゃん・小5）
- 机の上に好きなキャラクターのグッズを置いて
  やる気アップ！推し活グッズは大事！（ひなたちゃん・小4）

04 いやしグッズ

いやしグッズで心も身体も
リフレッシュ!みんなは
なにいやされてるのかな?

プチ読のオススメ

♥ 多肉植物を置いてモチベ＆
　いやし度アップ!（こっちゃん・小5）

♥ ねこをなでるといやされるよ☆（あおにゃーちゃん・小6）

♥ クマのグッズにいやされているよ♪
　いろんな種類のクマが好き!（つむつむちゃん・小4）

プチ読のオススメ

♥ 勉強前にボーカロイド曲をきくとテンション＆
　モチベアップ!（ゆあちゃん・小6）

♥ ポップな音楽をきいてモチベを上げるよ。K-POP や
　ドラマの主題歌をよくきくかな♪（ナナちゃん・小4）

♥ 音楽をききながら勉強をするよ。今はやりの曲や
　TikTok メドレーがオススメ!（みきちゃん・小6）

05 音楽をきく

音楽をきいてモチベを
上げる子がいっぱい!
ノリノリな曲をきいて
テンションを上げよう☆

06 その他

プチ読のみんなが教えて
くれた「モチベアップ♡
テク」はまだまだあるよ!
ここで紹介するね♪

プチ読のオススメ

♥ ママとのハグでモチベアップ♡（みやねこちゃん・小4）

♥ 好きな人が頭が良いから、テストで100点を取って
　話しかけるネタを作るの!（みやかちゃん・小5）

♥ 先に遊んでから宿題をするのもオススメ♪先に遊んだ
　ことで宿題をしなきゃいけない気持ちになるよ。
　（KURUMI ちゃん・小5）

\ 親子で知りたい！ /

YouTube との付き合い方♪

小学生の子どもをもつ保護者 1676 人に「お子さまがよく見る SNS やアプリは？」と聞いたところ、約7割が「YouTube」という回答でした。また、家庭学習のおなやみについて聞いたところ、「YouTube と勉強のメリハリがつけられていない」「時間配分がわからない」「学校支給のタブレットがあるから、すぐに YouTube をみてしまう」などのおなやみが多数寄せられました。今回は、本書の監修者である石田先生に「親子でどのようにして YouTube と付き合っていくか」という観点で、お話をうかがいました。

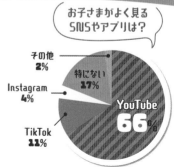

お子さまがよく見る
SNSやアプリは？

- その他 2%
- 特にない 17%
- Instagram 4%
- YouTube 66%
- TikTok 11%

▶ YouTube vs 勉強！ メリハリのつけかた

近年、小学生がなりたい職業の1位は「YouTuber」となっています。それほど YouTube が子どもたちにあたえるえいきょうは大きいということです。しかしコロナ禍になり、YouTube を見るだけでなく、発信する大人も増えました。それだけ YouTube は私たちにとって身近なものとなっています。YouTube で学習することもあれば、ききたい音楽をきくこともできる多様なメディアになりました。

このように魅力的な YouTube ですから、当然のことながら、一度見始めるとやめられなくなり、いつしか何時間も見ることになります。またテレビと違って、近いきょりで画面を見続けるため、目も悪くなります。良いことがある反面、悪いこともあるわけです。ではどうしたらいいでしょうか。

上手に付き合えばいいわけです。そのためには2つのことが必要です。1つは「時間管理」、もう1つは「ルール作り」です。

▶「時間管理」と「ルール作り」

時間管理のコツは「見える化」です。『カスタムアイスタディ』の Q&A でも書いているように、いつ何をやるのかを紙に書き出して、終わったら赤ペンで消していきます。その際、動画を先に見るのか、宿題を先にやるのかを決めます。迷ったらどちらの順番も試してみて、動画と宿題の両方ともできる方を選択しましょう。

ルール作りのコツは「親子でいっしょに作る」ことです。親の一方的なルールでは機能しません。

ルールの決め方

❶ 子どもはどう使いたいのかを話す
❷ 親はどう使ってほしいのかを話す
❸ ❶❷をもとに話し合ってルールを決める

ポイント

- ルールを守れなかったときのペナルティも子ども→親の順で決めておく
- 話し合いの様子を動画でさつえいしておく
- 1週間試してルールの修正をする

ルール決めは「子ども→親→話し合い」の流れで、子どもが納得するルールで始めることです。しかし、一度決めたルールはほぼ間違いなく守られません。そこで1週間後に修正することも、あらかじめ決めておきましょう。

これからの時代は娯楽だけでなく勉強も「ゲーム的、動画で学ぶ・知る・楽しむ」が主流になります。無闇やたらに厳しい制限も良くなく、心身に問題が出るほど自由にやりたい放題するのも良くありません。楽しむことができる水準を親子で決めていくことをおすすめします。

監修者	石田勝紀先生

（一社）教育デザインラボ代表理事。20歳で学習塾を創業し、これまでに 4000人以上の生徒を直接指導。現在は子育てや教育のノウハウを、「カフェスタイル勉強会〜 Mama Cafe」などを通じて伝えている。

[Voicy]

LET'S STUDY

Custom i Study

～お勉強編～

もくじ

 ~英語のお勉強~

英語であいさつや
自己しょうかいができたら
かっこいいね！

データから何が
わかるかな？キミも
博士になれちゃう？！

~算数のお勉強~

熟語の構成がわかると、
難しい四字熟語も理解できるかも！

 ~国語のお勉強~

環境について、
しっかり考えることが
できるかな？

日本の歴史や国のしくみ、
世界の中での役割について
新しい発見があるかも！

 ~理科のお勉強~

 ~社会のお勉強~

おしえてっ！ 石田Ⓣ Q&A

みんなの勉強のなやみに石田先生がお答え！ おうちの方といっしょに読んでみてね。

みんな

勉強っていつすればいいの？ 習い事に宿題に…時間がない！！

石田先生

そうだね。いつやったらいいか、難しいよね。それは、自分のやることが、なんとなく頭の中に入っているだけだからなんだ。そんな時は、「やることを紙に書き出してみる」といい。手帳に書くのがおすすめだよ。今まで時間がないと思っていたのに、たくさん時間があることがわかるよ。

みんな

勉強しなさい！って言われるのがイヤ…

石田先生

なんで、大人は「勉強しなさい！」っていうんだろう？今やるべきことをやっていないと、後が大変だと知っているからじゃないかな。でも、言われるのはイヤだから、「言われる前に先にやってしまう」ために、「いつやるか」を決めておくといいよ。手帳に「６時〜７時で勉強」とか書いておけば、おうちの人もわかってくれるね。（ただし、書いたらその通りやるようにね！）

みんな

苦手な教科はやる気がしない…

石田先生

そうだね。でも、苦手といってにげていたら、全くできない教科になるね。いい方法があるよ。それは、「サンドウィッチ方式」という方法。パンでハムをはさんでいるように、勉強するときも「好きな教科→苦手教科→好きな教科」の順にやってしまおう。最後に苦手教科が残っているのはイヤだよね。だから苦手教科は好きな教科にはさむといいよ。

みんな

手帳のポイント制って何？どうすればいいの？

石田先生

例えば、プリント１枚やったら１ポイントというように、手帳に書いてある「やるべきことを１つやったら入る点数のこと」をポイントというよ。ポイントは君がコツコツがんばった印なんだ。自分がどれだけやったかが「見える」とやる気がでるよね。ポイント制をぜひ試してみてね。

LET'S STUDY

English

~英語のお勉強~

もくじ

01

自己しょうかい

English

1 えいご

自己しょうかい

声に出しながらなぞってみましょう。

自分の名前

（私の名前はマミです。）

マイ　　　ネイム　　イズ
My name is Mami.

自分の出身地

（私は大阪出身です。）

アイ　アム　　　フラム
I am from Osaka.

自分の好きな色

（私は黄色が好きです。）

アイ　ライク　　イェロウ
I like yellow.

POINTはココだよ！　名前や出身地、好きな色を自分自身のことに置きかえて声に出して練習しよう。

2 えいご

次の文に合うように、◯◯に入る単語を右から選んで書きましょう。

❶ 私の名前はアミです。

マイ　　　　　　　　イズ
My ＿＿＿＿ is Ami.

❷ 私は東京出身です。

アイム
I'm ＿＿＿＿ Tokyo.

❸ 私はピンクが好きです。

アイ　　　　　　ピンク
I ＿＿＿＿ pink.

like
name
from

POINTはココだよ！　I'm は I am を短くした形。短縮形と呼ぶよ。

3 えいご

次の文に合うように、下のふせんの単語を並べかえて、
（　）に記号を書き、文を完成させましょう。

① 私の名前はエミです。　（　　　→　　　→　　　）Emi.

 ㋐ name
 ㋑ My
 ㋒ is

② 私は福岡出身です。　（　　　→　　　→　　　）Fukuoka.

 ㋐ am
 ㋑ from
 ㋒ I

 POINTはココだよ！　文の頭にくる語のはじめの文字は、大文字で書かれているよ。

4 えいご

あなたの自己しょうかいカードを作りましょう。
（　）をうめて、それぞれの文を英語で書きましょう。

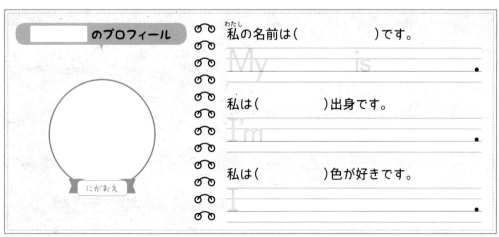

　　　　のプロフィール

私の名前は（　　　　　）です。

My　　　is　　　　　　　.

私は（　　　　　）出身です。

I'm　　　　　　　　　.

私は（　　　　　）色が好きです。

I　　　　　　　　　.

にがおえ

 POINTはココだよ！　人や場所の名前のはじめの文字は、大文字で書くよ。

いろいろな動き

5 えいご

いろいろな動き
声に出しながらなぞってみましょう。

アイ　ブレイ　　テニス
I play tennis.
(私はテニスをします。)

アイ　クック　　ディナァ
I cook dinner.
(私は夕食を作ります。)

アイ　ワ(ー)ッチ　ティーヴィー
I watch TV.
(私はテレビを見ます。)

アイ　スタディ　イングリッシ
I study English.
(私は英語を勉強します。)

POINTはココだよ！ 動きを表す語を「動詞」と言うよ。play，cook，watch，study が動詞だよ。

6 えいご

カードの穴と穴を線で結んで、
日本語に合う文を完成させましょう。

❶ 私はサッカーをします。

アイ
| I |

スタディ
○ study ○

サ(ー)カァ
○ soccer.

❷ 私は朝食を作ります。

アイ
| I |

ブレイ
○ play ○

ブレックファスト
○ breakfast.

❸ 私は算数を勉強します。

アイ
| I |

クック
○ cook ○

マス
○ math.

POINTはココだよ！ study，play，cook のそれぞれの意味を考えよう。

English

7

次の英文の意味に合う絵を㋐～㋒から選び、記号で答えましょう。

㋐

❶ _{アイ} _{スタディ} _{イングリッシ}
I study English. （　　）

㋑

❷ _{アイ} _{ワ(ー)ッチ} _{ティーヴィー}
I watch TV. （　　）

㋒

❸ _{アイ} _{プレイ} _{テニス}
I play tennis. （　　）

 POINTは ココだよ！　わからないときは左のページの⑤をもう一度確認しよう。

English

8

トム(Tom)とミク(Miku)が日曜日にすることについて話しています。
＝＝に合う語句を下から選んで書き、会話を完成させましょう。

Tom
I _____ on Sundays. And you?
（ぼくは日曜日にテレビを見るよ。きみは？）

Miku
I _____ on Sundays.
（私は日曜日にテニスをするよ。）

watch TV　　play tennis　　cook dinner

POINTは ココだよ！　「テレビを見る」、「テニスをする」はそれぞれ何と言うかな。

疑問文

9 えいご

疑問文

声に出しながらなぞってみましょう。

質問	（あなたはテニスが好きですか。）	ドゥ ユー ライク テニス Do you like tennis?
答え	（はい、好きです。）/ （いいえ、好きではありません。）	イェス アイ ドゥ ／ ノウ アイ ドゥント Yes, I do. / No, I don't.
質問	（何のスポーツが好きですか。）	（フ）ワット スポート ドゥ ユー ライク What sport do you like?
答え	（バレーボールが好きです。）	アイ ライク ヴァ（ー）リボール I like volleyball.

POINTは
ココだよ！ Do you で始まる疑問文を声に出すときは、最後を上げて読むよ。

10 えいご

次の文に合うように、（　）の中の正しいほうを選んで、
○で囲みましょう。

❶ A：ケーキは好き？
（フ）ワット ドゥ ユー ライク ケイク
(What / Do) you like cake?

B：いいえ、好きじゃない。
ノウ アイ ドゥ ドゥント
No, I (do / don't).

❷ A：何のデザートが好き？
（フ）ワット ドゥ ディザート
(What / Do) dessert

アー ドゥ ユー ライク
(are / do) you like?

B：アイスクリームが好き。
アイ ライク イート アイス クリーム
I (like / eat) ice cream.

POINTは
ココだよ！  「何の」とたずねるときは、What で文を始めるよ。

ユマ(Yuma)がジム(Jim)に質問をしています。下のふせんの単語を並べかえて( )に記号を書き、ユマのセリフを完成させましょう。

Yuma (　　→　　→　　→　　→　　)?

Jim
アイ ライク　ヴァ(ー)リボール
I like volleyball.

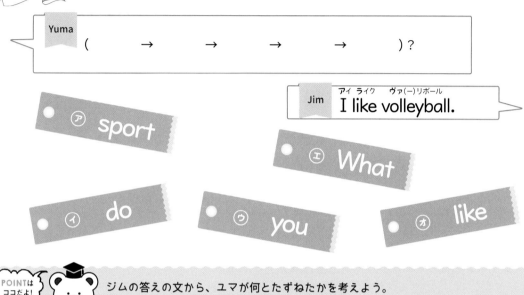

(ア) sport

(エ) What

(イ) do

(ウ) you

(オ) like

POINTはココだよ! ジムの答えの文から、ユマが何とたずねたかを考えよう。

絵を見て2人の女の子の会話を想像し、＝＝に単語を書きましょう。

❶
ユー　ワ(ー)ント　ア　ペン
you want a pen?
(ペンがほしいの?)

❷
イェス　アイ
Yes, I
(うん、ほしい。)

❸
カラァ　ドゥ　ユー　ワ(ー)ント
color do you want?
(何色がほしい?)

アイ ワ(ー)ント ア ブラック ペン
I want a black pen.
(黒いペンがほしいな。)

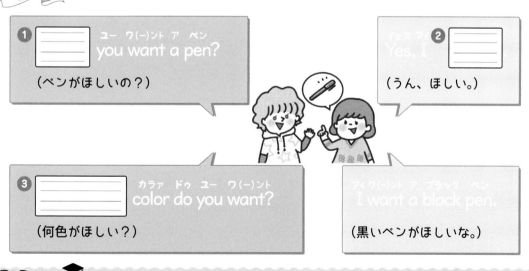

POINTはココだよ! ふつう、文のはじめの語は大文字、文のとちゅうにある語は小文字で書き始めるよ。

English

英語のお勉強
04

できること

13 えいご

できること

声に出しながらなぞってみましょう。

こう定文	（かの女はテニスができます。）	シー　キャン　ブレイ　テニス She can play tennis.
否定文（ひ ていぶん）	（かれは上手（じょうず）におどれません。）	ヒー　キャント　ダンス　ウェル He can't dance well.
疑問文（ぎ もんぶん）	（あなたは上手に歌えますか。）	キャン　ユー　スィング　ウェル Can you sing well?
答え方	（はい、できます。）／ （いいえ、できません。）	イェス　アイ　キャン　ノウ　アイ　キャント Yes, I can. / No, I can't.

POINTはココだよ！ can は「～できる」、can't は「～できない」という意味だよ。

14 えいご

次の文に合うように、（　）の中の正しいほうを選んで、〇で囲みましょう。

❶ かれは上手（じょうず）にリコーダーをふくことができます。

ヒー　キャン　キャント　ブレイ　ザ　リコーダァ　ウェル
He (can / can't) play the recorder well.

❷ かの女はピアノをひくことができません。

シー　キャン　キャント　ブレイ　ザ　ピアノウ
She (can / can't) play the piano.

❸ あなたはバイオリンをひくことができますか。―いいえ、できません。

ドゥ　キャン　ユー　ブレイ　ザ　ヴァイオリン　ノウ　アイ　ドゥント　キャント
(Do / Can) you play the violin? — No, I (don't / can't).

POINTはココだよ！ こう定文と否定文（ひ ていぶん）をまちがえないように、日本語をよく読もう。

次の文に合うように、下のふせんの単語を並べかえて、
（　）に記号を書き、文を完成させましょう。

❶ かの女はテニスをすることができます。

（　　→　　→　　→　　）．

❷ かれは上手におどれません。

（　　→　　→　　）well.

- ㋐ can't
- ㋑ She
- ㋒ dance
- ㋓ tennis
- ㋔ play
- ㋕ He
- ㋖ can

「かれは」は he、「かの女は」は she だよ。

メモ（memo）を見ながら、ボブ（Bob）をしょうかいします。
＿＿に合う語句を下から選んで書き、文を完成させましょう。

He is Bob.

He is from Canada.

He can ＿＿＿＿＿＿＿＿＿.

He can't ＿＿＿＿＿＿＿＿.

memo
名前　ボブ（Bob）
出身　カナダ（Canada）
できること　テニス
できないこと　水泳

play tennis　play the piano　cook　swim

ボブが「できること」と「できないこと」はそれぞれ何かな。

過去形

17 えいご

「〜した」と過去のことを表す語

声に出しながらなぞってみましょう。

アイ　ウェント　トゥー　ザ　スィー
I went to the sea.

（私は海に行きました。）

アイ　ソー　ビューティフル　ファイアワークス
I saw beautiful fireworks.

（私はきれいな花火を見ました。）

イット　ワズ　ヴェリィ　イクサイティング
It was very exciting.

（それはとてもわくわくしました。）

POINTはココだよ！ 「〜した」と過去のことを表す語の形を「過去形」と言うよ。

18 えいご

次の文に合うように、（　）の中の正しいほうを選んで、○で囲みましょう。

❶ 私は動物園に行ったよ。

アイ　ウェント　ソー　トゥー　ザ　ズー
I (went / saw) to the zoo.

❷ 私は大きなパンダを見たよ。

アイ　ソー　ワズ　ア　ビッグ　パンダ
I (saw / was) a big panda.

❸ それはとてもかわいかったよ。

イット　ウェント　ワズ　ヴェリィ　キュート
It (went / was) very cute.

POINTはココだよ！ 日本語でどこの部分がぬけているかを確認して、英語を選ぼう。

次の文に合うように、ふせんの語句を並べかえて、
（　）に記号を書き、文を完成させましょう。

❶ 私はイギリスに行ったよ。　　（　　　→　　　→　　　）.

ア I　　イ the UK　　ウ went to

❷ 私は橋を見たよ。　　（　　　→　　　→　　　）.

ア saw　　イ a bridge　　ウ I

POINTは
ココだよ！ I「私は」のあとに動詞の過去形が続くよ。

 絵の中の人物になったつもりで＿＿に単語を書き入れ、
日記を完成させましょう。

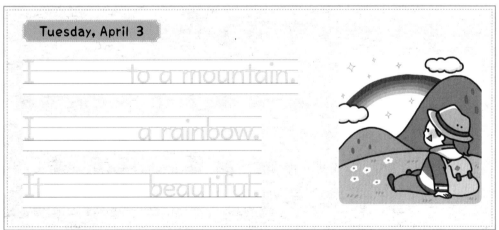

Tuesday, April 3

I ____ to a mountain.
I ____ a rainbow.
It ____ beautiful.

POINTは
ココだよ！ 絵では、女の子が山できれいな虹を見ているね。

英語のお勉強
06

教室で使う言葉

21
えいご

教室で使われるあいさつや表現を、声に出して読んでみよう。

お元気ですか。
ハウ アー ユー
How are you?

元気です。
アイム グッド
I'm good.

English

先生が使う表現

☑ 立ってください。
スタンダップ　プリーズ
Stand up, please.

☑ 座(すわ)ってください。
スィット　ダウン　プリーズ
Sit down, please.

☑ 注意深く聞きなさい。
リスン　ケアフリィ
Listen carefully.

☑ 私(わたし)のあとにくり返しなさい。
リピート　アフタァ　ミー
Repeat after me.

☑ 教科書の〜ページを開きなさい。
オウプン　ユア　テクストブック　トゥー　ペイヂ
Open your textbook to page 〜.

みんなが使う表現

☑ すみません。
イクスキューズ　ミー
Excuse me.

☑ 質問があります。
アイ　ハヴ　ア　クウェスチョン
I have a question.

☑ 英語で〜は何と言いますか。
(フ)ワット　ドゥ　ユー　セイ　イン　イングリッシ
What do you say 〜 in English?

英語は
ココまで!

please は「どうぞ」という意味で、ていねいに言うときに使うよ。

LET'S STUDY

Japanese

~国語のお勉強~

もくじ

同音異義語・同訓異字

1 同じ読み方をする漢字の使い分け

次のノートの＿＿線部にあてはまる漢字を、
後の⑦～⑨の中から1つずつ選びましょう。

- 同音異義語　同じ音読みで意味の異なる熟語。
- 同訓異字　同じ訓読みで意味の異なる漢字。
- 例　ママはあそこのイインにツトめているよ。
  ① 　 ②

  ❶ (　　　) ❷ (　　　)

  今日から学級イインをツトめます！
  ③ 　 ④

  ❸ (　　　) ❹ (　　　)

⑦ 委員　④ 医院　⑨ 務　④ 勤

POINTはココだよ！ ①③の「イイン」が同音異義語、②④の「ツト（める）」が同訓異字だよ！

2 次の会話文の❶～❹を漢字に直して、下の(　　)に書きましょう。

あき　今日の❶あつさは❷いじょうだよね！

りお　天気予報で、最高気温が30度❸いじょうになるって言っていたよ。

あき　すごくのどがかわくと思った！
冷たい麦茶が飲みたいね。

りお　うん、❹あつくない飲み物がいいな。

❶ (　　　　　) ❷ (　　　　　) ❸ (　　　　　) ❹ (　　　　　)

POINTはココだよ！ 同じ読み方の漢字は、使い方をきちんと区別しよう！

③

次の文の＿＿線部を漢字に直したとき、
（　　）の中の正しいほうを選んで、〇で囲みましょう。

❶ パンダの赤ちゃんが姿をあらわす。　　　　　　　　　（　現す　・　表す　）

❷ お気に入りのスカートがやぶれちゃった！　　　　　　（　敗れ　・　破れ　）

❸ ハートのかたを使って、クッキーを作りましょう。　　（　型　・　片　）

❹ １年ぶりに友だちとさいかいする。　　　　　　　　　（　再開　・　再会　）

❺ この文章、少ししゅうせいしたほうがいい？　　　　　（　習性　・　修正　）

POINTは
ココだよ！ 漢字の意味や、別の読み方もヒントになるよ！

④

次の文の＿＿線部を、それぞれ異なる漢字に直して、
（　　）に書きましょう。

❶ はかる
- 駅から家までの時間をはかる。　　　　　　　　（　　　　　）
- ペットのネコの体重をはかる。　　　　　　　　（　　　　　）
- 手帳の縦と横の長さをはかる。　　　　　　　　（　　　　　）

❷ きく
- 兄の評判をきく。　　　　　　　　　　　　　　（　　　　　）
- かぜにはこの薬がきく。　　　　　　　　　　　（　　　　　）

❸ うつす
- きれいな風景をカメラでうつす。　　　　　　　（　　　　　）
- 花をはちから花だんへうつす。　　　　　　　　（　　　　　）

POINTは
ココだよ！ 例文の中で、意味と使い方をよく確認しておこうね。

Japanese

文の組み立て

5 二組の主語と述語の関係

①～④の（　）に言葉を入れて、
例についてまとめたノートを完成させましょう。

修飾

例 **わたしが**　　**あらった**　　　**服が**　　**かわいた。**
　　　主語　　　　　　述語　　　　　　主語　　　　述語

○この文には、（❶　　　　　　　　）と述語の関係が2つふくまれている。
○「わたしがあらった」は、「（❷　　　　　　　　）」を修飾している。
○この文を2つの文で表すと、次のようになる。
　「わたしが服を（❸　　　　　　　　）。その服が（❹　　　　　　　　）。」

> **POINTは ココだよ!**
> 主語は「～が」や「～は」で表されることが多いよ!

6 次の文の主語とそれに対応する述語をぬき出しましょう。
主語と述語の組み合わせは、それぞれ2つずつあります。

❶ 友だちが　書いた　作文が　賞を　受けた。

　主語（　　　　　　　　　）・　述語（　　　　　　　　　　　）
　主語（　　　　　　　　　）・　述語（　　　　　　　　　　　）

❷ パパが　夜店で　買った　たこやきは　とても　おいしかった。

　主語（　　　　　　　　　）・　述語（　　　　　　　　　　　）
　主語（　　　　　　　　　）・　述語（　　　　　　　　　　　）

> **POINTは ココだよ!**
> 主語と述語だけで文が成り立つよ!

Japanese

7

次の文の▢が修飾している言葉を、
㋐～㋓の中から1つずつ選びましょう。

1 暑い日が続く この夏は海で泳ぐのにぴったりだ。 （　　　）
㋐ この　㋑ 夏は　㋒ 海で　㋓ ぴったりだ

2 ねえ、みんなが待っていた 町のカフェが昨日の朝オープンしたよ。 （　　　）
㋐ ねえ　㋑ 町の　㋒ カフェが　㋓ オープンしたよ

3 妹がピアノをひく 小さな音が部屋から聞こえる。 （　　　）
㋐ 小さな　㋑ 音が　㋒ 部屋から　㋓ 聞こえる

4 ホールには マリコがかいた 大きく美しい絵がかざられている。 （　　　）
㋐ ホールには　㋑ 大きく　㋒ 美しい　㋓ 絵が

POINTはココだよ！ 文の▢の言葉と修飾している言葉をつなげて考えてみて！

8

（　）の中に言葉を入れて、
2つの文を1つの文で表しましょう。

1 兄がめがねを選んだ。それはとても似合っていた。
➡ （　　　　　　　） めがねは、（　　　　　　　　　）。

2 弟は運動場を走っている。姉はその弟を応えんしている。
➡ 姉は、（　　　　　　　　　） 弟を （　　　　　　）。

3 わたしはおいしいクッキーを食べた。それは姉が焼いたクッキーだった。
➡ わたしは、（　　　　　　　　　　　） を （　　　　　）。

POINTはココだよ！ 書いたら読んで自然な文になっているかを確かめてみようね！

漢字の読み書き①

9 次の漢字をなぞりましょう。
漢字の読みを後の □ から選んで、（　）に書きましょう。

❶ 呼吸　　❷ 探検　　❸ 誤る　　❹ 背骨
（　　　）　（　　　）　（　　　）　（　　　）

❺ 縮む　　❻ 尊厳　　❼ 垂れる　❽ 除幕
（　　　）　（　　　）　（　　　）　（　　　）

❾ 難しい　❿ 敬う　　⓫ 降りる　⓬ 腹痛
（　　　）　（　　　）　（　　　）　（　　　）

> せぼね　ちぢ　た　お　むずか　うやま　あやま
> そんげん　こきゅう　たんけん　ふくつう　じょまく

POINTはココだよ！ ④の「背骨」は両方の漢字を訓読みするよ。

10 次の文の ＿＿線部の漢字の読みを、
⑦〜⑰の中から１つずつ選びましょう。

❶ さっきは誤解してしまって、ごめんね。　　　　　（　　　）
　⑦ ごかい　　⑦ きょっかい　　⑰ うかい

❷ 今回の小テストは難問だったよ。　　　　　　　（　　　）
　⑦ かんもん　　⑦ ざんもん　　⑰ なんもん

❸ 自転車を使えば、公園へ行くまでの時間を短縮できるよ！　（　　　）
　⑦ たんしゅく　　⑦ しんしゅく　　⑰ たんじゅん

❹ ノートに垂直の線を引く。　　　　　　　　　　（　　　）
　⑦ けいちょく　　⑦ すいちょく　　⑰ じゅうちょく

POINTはココだよ！ ③の「短縮」は、短く縮めることだよ。

11 次の文の＿＿線部を漢字と送り仮名（がな）に直したものを、
㋐〜㋒の中から1つずつ選びましょう。

1 苦手だから、トマトは<u>のぞく</u>ね。　　　　　　　　　　　（　　　　　）

　㋐ 余く　　㋑ 除く　　㋒ 除ぞく

2 先生は<u>きびしい</u>けれど、ほめるときはやさしい。　　　（　　　　　）

　㋐ 厳しい　　㋑ 厳びしい　　㋒ 厳い

3 昨日（きのう）ぶつけたところが<u>いたくて</u>、ねられないの。　（　　　　　）

　㋐ 病く　　㋑ 痛たく　　㋒ 痛く

4 パーティーの宝（たから）<u>さがし</u>ゲームが楽しみ！　　　　（　　　　　）

　㋐ 探し　　㋑ 探がし　　㋒ 深し

POINTは
ココだよ！　④の「探」と「深」は形が似ているから注意しよう。

---

12 次の会話文の❶〜❺を漢字に直して、下の（　　）に書きましょう。

れい　もうすぐ劇（げき）が始まるよ！　みんながゆうちゃんのこと、❶<u>よんでる</u>！

　　　　もうすぐ❷<u>まく</u>が上がるんだね。きんちょうするなあ…。　ゆう

れい　大きく息を❸<u>すって</u>みて！　❹<u>はら</u>や❺<u>せなか</u>の筋肉（きんにく）に力を入れて
声を出すといいって、先生がおっしゃっていたよ！

　　　　ありがとう！　やってみるね！　ゆう

❶（　　　　　　　）　❷（　　　　　　　）　❸（　　　　　　　）

❹（　　　　　　　）　❺（　　　　　　　）

POINTは
ココだよ！　①と③は、「口」に関係する言葉だから、「くちへん」が部首だよ！

熟語の構成

13 熟語の組み立て

次の表の（　　）にあてはまる言葉を書きましょう。

三字熟語	▦+▦+▦	例	「大」+「中」+「小」=「　大中小　」
	▦▦+▦	例	「積極」+「的」=「（❶　　　　　　　　）」
	▦+▦▦	例	「非」+「公開」=「（❷　　　　　　　　）」
四字熟語	▦+▦+▦+▦	例	「春」+「夏」+「秋」+「冬」=「　春夏秋冬　」
	▦▦+▦▦	例	「安全」+「地帯」=「（❸　　　　　　　　）」
	▦+▦▦▦	例	「正」+「三角形」=「（❹　　　　　　　　）」
	▦▦▦+▦	例	「海水浴」+「客」=「（❺　　　　　　　　）」

POINTは ココだよ！　三字熟語、四字熟語はいくつかの語を組み合わせてできているんだね！

14

次の熟語の組み立てにあてはまるものを、
㋐〜㋒の中から1つずつ選びましょう。

❶ ▦▦+▦の三字熟語
　㋐　温度計　　㋑　逆効果　　㋒　長時間　　　　　　　（　　　　）

❷ ▦+▦▦の三字熟語
　㋐　通行人　　㋑　合理性　　㋒　表面積　　　　　　　（　　　　）

❸ ▦+▦+▦の三字熟語
　㋐　衣食住　　㋑　天然林　　㋒　最大限　　　　　　　（　　　　）

❹ ▦▦+▦▦の四字熟語
　㋐　東西南北　　㋑　海外旅行　　㋒　海水浴場　　　　（　　　　）

POINTは ココだよ！　まずは「二字の熟語」があるかどうかを探してみよう！

Japanese

15

「不・無・非・未」は、後に続く語の意味を打ち消す語です。
⬚に打ち消しの語を書いて熟語を完成させ、熟語と意味を線で結びましょう。同じ打ち消しの語は一度しか使えません。

❶ ⬚ 害 ・

❷ ⬚ 道 ・

❸ ⬚ 正 ・

❹ ⬚ 熟 ・

・ ⦿ ㋐ 正しくない

・ ⦿ ㋑ 害がない

・ ⦿ ㋒ 人の道から外れる

・ ⦿ ㋓ 熟していない

POINTはココだよ！ 前に付く打ち消しの語は、後に続く言葉によって変わるよ！

16

→の向きに熟語ができるように、⬚に漢字を書きましょう。
また、❶❼❻の漢字を並べて三字熟語を作りましょう。

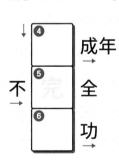

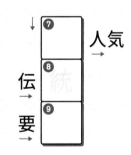

ヒント
❶❷❸は「多くの人があつまるところ」、
❹❺❻は「まだできあがっていないこと」、
❼❽❾は「君主を置かない国の最高責任者」だよ！

三字熟語　❶ ❼ ❻

POINTはココだよ！ まず、→の向きの熟語からうめていくと分かりやすいよ！

言葉の使い方

17 こくご

場面による言葉の使い分け

次の（　）の中の正しいほうを選んで、○で囲みましょう。

伝え方のちがい

話し言葉…（　文字　・　音声　）で表す言葉。相手や場面で表現が変わる。

> 例　学校に新しい先生が来るんだよ、明日！

書き言葉…（　文字　・　音声　）で表す言葉。語順を整え、共通語で書く。

> 例　明日、学校に新しい先生が来ます。

敬語のちがい

（　ていねい　・　尊敬　）語…「です」「ます」などのていねいな言葉。

（　尊敬　・　けんじょう　）語…相手や話題になっている人を敬う言葉。

（　尊敬　・　けんじょう　）語…自分や身内の動作をけんそんする言葉。

POINTはココだよ！ 敬語は、相手や会話の中に出てくる人に敬意を表すときに使うよ！

18 こくご

次の＿＿線部の話し言葉を書き言葉に書きかえるとき、
ふさわしいものを㋐・㋑の中から１つずつ選びましょう。

❶ 学校にノートを<u>忘れてしまったよ</u>。　　　　　　　　　（　　　　　）

　㋐　忘れてしまいました　　㋑　忘れちゃった

❷ 姉はもうすぐ<u>帰るって</u>言っていました。　　　　　　（　　　　　）

　㋐　帰ると　　㋑　帰るよって

❸ もう<u>ちょっと</u>だけ待ってください。　　　　　　　　（　　　　　）

　㋐　少し　　㋑　ちょっぴり

❹ ゲームは楽しいです。<u>でも</u>、やりすぎると目によくありません。　（　　　　　）

　㋐　だけど　　㋑　しかし

POINTはココだよ！ 場面や相手によっても、言葉の形は変化するよ。

19 次の会話文の＿＿＿線部を敬語に直すとき、
ふさわしいものを後の㋐～㋒の中から１つずつ選びましょう。

ゆうり ＜ 先生、何をして❶いるのですか？

花だんに新しい花の種を植えているんだよ。 先生

ゆうり 毎年育てていると❷言っていましたもんね。
先生から❸もらった花は、まだ元気にさいています。

❶ （　　　　　　　） ❷ （　　　　　　　） ❸ （　　　　　　　）

㋐ いただいた　　㋑ いらっしゃる　　㋒ おっしゃって

POINTは
ココだよ！  だれの動作なのかを考えよう。動作をするのが「相手」なら尊敬語だよ！

20 次の文の＿＿＿線部を、□の指示のように書きかえて、
下の（　　）に書きましょう。

❶ ケーキを作ったから、いっぱい食べてね！

尊敬語 ケーキを作ったので、たくさん（　　　　　　　　　　）ください。

❷ 今度そっちに行ってもよいですか？

けんじょう語 今度そちらに（　　　　　　　　　　）よろしいですか？

❸ そう言ってたよ、私のお母さんが。

書き言葉 （　　　　　　　　　　）、そのように言っていました。

❹ ドラマ、今日が最終回なんだって聞いたよ！

書き言葉 ドラマは今日が最終回（　　　　　　　　）聞きました。

POINTは
ココだよ！  ＿＿＿線部でないところも、言葉の形が変わっているのに気がついたかな？

Japanese

06 漢字の読み書き②

21 こくご

次の漢字をなぞりましょう。
漢字の読みを後の◯◯から選んで、（　　）に書きましょう。

❶ 温暖
（　　　）

❷ 操縦
（　　　）

❸ 訪ねる
（　　　）

❹ 筋道
（　　　）

❺ 危険
（　　　）

❻ 姿勢
（　　　）

❼ 延びる
（　　　）

❽ 砂場
（　　　）

❾ 従順
（　　　）

❿ 洗う
（　　　）

⓫ 激減
（　　　）

⓬ 奮う
（　　　）

> の　あら　すじみち　すなば　ふる　たず
> そうじゅう　しせい　げきげん　じゅうじゅん　きけん　おんだん

POINTは ココだよ！ ④の「筋道」は両方とも訓読みをする熟語（じゅくご）だよ。

22 こくご

次の文の＿＿＿線部の漢字の読みを、
㋐〜㋒の中から１つずつ選びましょう。

❶ その地図の縦の長さはどれくらい？　　　　　　　（　　　　）
　㋐ たて　　㋑ よこ　　㋒ せん

❷ 筋力トレーニングをして、次の大会に備えなきゃね！　　（　　　　）
　㋐ きんりき　　㋑ きんりょく　　㋒ かんりょく

❸ ドレスアップした姿を早く鏡で見たいわ。　　　　　（　　　　）
　㋐ みなり　　㋑ ようす　　㋒ すがた

❹ 行く予定のコンサート、延期になっちゃった。　　　（　　　　）
　㋐ えんき　　㋑ じゅんえん　　㋒ のびき

POINTは ココだよ！ ④の「延期」は、「期日や期限を延ばすこと」だよ！

Japanese

23

次の文の___線部を漢字と送り仮名に直したものを、
㋐〜㋒の中から1つずつ選びましょう。

1 今日はあたたかいから、外でテニスをしよう。 （　　　）

㋐ 温い　　㋑ 暖かい　　㋒ 暖たかい

2 その道はあぶないから、小さい子の手を引いてあげてね。 （　　　）

㋐ 危ない　　㋑ 危い　　㋒ 危ぶない

3 病気のときは医者の指示にしたがうことが大切だよ。 （　　　）

㋐ 従う　　㋑ 従がう　　㋒ 徒がう

4 はげしい雨だったけれど、服はぬれなかった？ （　　　）

㋐ 激い　　㋑ 激げしい　　㋒ 激しい

POINTはココだよ！ ①〜④は、どれも送り仮名をまちがえやすい漢字だよ。

24

次の手紙の❶〜❺を漢字に直して、
下の（　　）に書きましょう。

> 海野小学校（うみの）　6年1組　水野なみ（みずの）様
>
> 先日は私（わたし）たちの小学校を❶ほうもんしてくれてありがとう。
>
> 楽しい時間を過ごせました。もらった手作りの❷すなどけい、
>
> ❸せんれんされたデザインで❹かんげきしました。さっそく部屋に
>
> かざっています。また小学校どうしの交流会を開くつもりなので、
>
> ぜひ❺ふるって参加してくださいね。
>
> 　　　　　　　　山野小学校（やまの）　6年2組　森崎はな（もりさき）より

❶（　　　　　　　）　❷（　　　　　　　）　❸（　　　　　　　）

❹（　　　　　　　）　❺（　　　　　　　）

POINTはココだよ！ ⑤の「ふるって」は「自ら積極的に」という意味だよ。

言葉のはたらき

25
こくご

言葉の使い分け

次の(　　)にあてはまる言葉を、
後の㋐～㋒の中から1つずつ選びましょう。

○ **考えを伝える表現**
○
○ 例 教室はみんなのものだ。だからみんなでそうじするべきだ。
○ だから 前の文が理由、後ろの文が結果を表す。 ～べきだ （❶　　　）ことを表す。
○ 例 トマトが苦手だ。しかしトマトは栄養が豊富だそうだ。
○ しかし 前の文と後ろの文で反対の意味を表す。 ～そうだ （❷　　　）ことを表す。
○ 例 明日は寒くなるようだ。そのうえ雪が降るかもしれない。
○ そのうえ 前の文に後ろの文を付け加えている。 ～かもしれない （❸　　　）ことを表す。

㋐ 人(何か)から聞いた　　㋑ ～しなければならない　　㋒ ～する見こみがある

POINTは ココだよ! つなぎ言葉や文末の言葉を使い分けると、意味の伝わりやすい文になるよ。

26
こくご

次の文にあてはまるつなぎ言葉を(　　)の中から選んで、
○で囲みましょう。

❶ 公園はみんなのものです。(　だから　・　ところが　)遊具は大切に使うべきです。

❷ 時間どおりに駅に着いた。(　しかも　・　しかし　)まだだれもいない。

❸ カステラにしますか。(　すると　・　それとも　)ドーナツにしますか。

❹ 母の妹、(　つまり　・　そのうえ　)おばさんが遊びに来ます。

❺ 良い天気ですね。(　ところで　・　なぜなら　)この間貸した本はどうでしたか。

POINTは ココだよ! 前の文と後ろの文がどのような関係かを考えよう!

英語　国語　算数　理科　社会

Japanese

27 こくご

次の文に、つなぎ言葉を使って⑦～⑰の文をつなげます。
文が成り立つように、つなぎ言葉と文を線で結びましょう。

❶ 妹とけんかをしてしまった。

だから	・		・	⑦ 弟ともけんかしてしまった。
しかし	・		・	⑦ 二人とも母にしかられた。
そのうえ	・		・	⑦ 妹は平気そうにしている。

❷ このケーキはカロリーが高い。

ところが	・		・	⑦ 食べすぎに注意しよう。
だから	・		・	⑦ 値段も高い。
しかも	・		・	⑦ 女性からとても人気だ。

 POINTは ココだよ！ 前の文は同じでも、つなぎ言葉によって伝えたいことが全くちがってくるね！

28 こくご

次の作文の（　　）にあてはまる言葉を、
後の◻から選んで書きましょう。

　私が一番好きな季節は夏です。（❶　　　　　　）、夏にはマリンスポーツ、
（❷　　　　　　）、海での遊びがたくさんあるからです。今年の夏は暑くなる
（❸　　　　　　）ので、今から楽しみです。
　（❹　　　　　）、父の友人がキャンプ用のテントをゆずってくれるらしいので、
山に行く（❺　　　　　）しれません。海に行くか、（❻　　　　　　）山に行くか、
家族でなやんでいるところです。

| かも | しかし | つまり | なぜなら | それとも | そうな |

 POINTは ココだよ！ （　）の前と後ろの文をよく読んで、文がつながるようにあてはめよう。

答え6ページ　047

四字熟語

29
こくご

いろいろな四字熟語を覚えよう！

心に関するもの

心機一転（しんきいってん）	何かのきっかけで、気持ちが切りかわること。
四苦八苦（しくはっく）	ものすごく苦しむこと。また、その苦しみのこと。
以心伝心（いしんでんしん）	口に出さなくても、気持ちが通じること。
一日千秋（いちじつせんしゅう）	一日が千年に思えるほどに待ち遠しいこと。
一喜一憂（いっきいちゆう）	状況（じょうきょう）の変化によって喜んだり心配したりすること。

学問・勉学に関するもの

文武両道（ぶんぶりょうどう）	勉学とスポーツの両方にすぐれていること。
博学多才（はくがくたさい）	広く様々な学問に通じており、才能が豊かなこと。
蛍雪之功（けいせつのこう）	苦労をして学問にはげむこと。
切磋琢磨（せっさたくま）	たがいに競い合って学問などにはげむこと。

似た意味のもの

一石二鳥（いっせきにちょう）　一挙両得（いっきょりょうとく）

1つのことをすることで，
同時に2つのことを，
成しとげること。

反対の意味のもの

有言実行（ゆうげんじっこう）

言葉にしたことを，
必ず実行すること。

不言実行（ふげんじっこう）

だまって物事を実行すること。

四字熟語には数字が入っているものが多いね！

LET'S STUDY

Mathematics

~算数のお勉強~

もくじ

対称な図形

線対称と点対称

次の□のことばをなぞりましょう。

① 右の図のように、1本の直線を折り目にして折ったとき、

折り目の両側がぴったり重なる図形は、 線対称 または

直線について対称であるといいます。

また、その折り目にした直線を、 対称の軸 といいます。

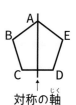

対称の軸

② 右の図のように、ある点のまわりに180°回転させると、

もとの形にぴったり重なる図形は、 点対称 または

点について対称であるといいます。

また、その点を、 対称の中心 といいます。

対称の中心

 線対称な図形と点対称な図形の特ちょうをしっかり覚えておこう！

右の図は、線対称な図形です。
次の問題に答えましょう。

対称の軸

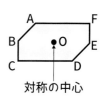

① 点Aに対応する点はどれですか。 点（　　　）

② 直線ABに対応する直線はどれですか。 直線（　　　）

③ 下の□は線対称な図形の性質についてまとめたものです。

> **線対称な図形の性質**
> ・対応する2つの点を結ぶ直線は、対称の軸と垂直に交わります。
> ・その交わる点から、対応する2つの点までの長さは等しくなっています。

㋐対称の軸と直線AEは、どのように交わっていますか。 （　　　）

㋑点Mから点Aまでの長さと点Mから点Eまでの長さは、等しいですか。
等しくないですか。 （　　　）

 対称の軸で折り重ねたときに重なる点や線が、対応する点や対応する線だよ。

Mathematics

右の図は、点対称な図形です。
次の問題に答えましょう。

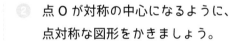

① 点 F に対応する点はどれですか。　　　　　点（　　　）

② 直線 GH に対応する直線はどれですか。　　直線（　　　　）

③ 下の　　　は点対称な図形の性質についてまとめたものです。

点対称な図形の性質
・対応する 2 つの点を結ぶ直線は、対称の中心を通ります。
・対称の中心から、対応する 2 つの点までの長さは等しくなっています。

直線 FI と直線 GJ は、どの点で交わりますか。　　　　　　　点（　　　）

点 O から点 H までの長さと点 O から点 K までの長さは、等しいですか。
等しくないですか。　　　　　　　　　　　　　　　　（　　　　　　）

対称の中心のまわりに 180°回転させて重なる点や線が、対応する点や対応する線だよ。

次の問題に答えましょう。

① 直線 AB が対称の軸になるように、
線対称な図形をかきましょう。

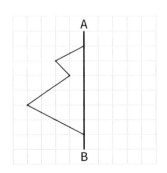

② 点 O が対称の中心になるように、
点対称な図形をかきましょう。

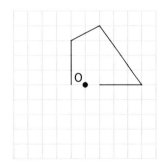

線対称な図形の性質や点対称な図形の性質を使えばよいね。

文字と式

5 さんすう

文字を使った式

ひとみさんは、同じ値段(ねだん)のケーキを7個
買います。次の問題に答えましょう。

① ケーキ1個の値段を〇円、7個の代金を△円として、〇と△の関係を
式に表しましょう。

ヒント ことばの式は、ケーキ1個の値段×個数＝代金だよ。（　　　　　　　　　　）

② ケーキ1個の値段を x 円、7個の代金を y 円として、
x と y の関係を式に表しましょう。

（　　　　　　　　　　　）

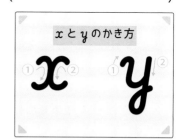

x と y のかき方

③ x が80のときの、代金を求めます。
□にあてはまる数をかきましょう。

| | ×7= | | | 円 |

POINTはココだよ！

x にあてはめた数を「x の値(あたい)」、そのときの y が表す数を「y の値」というよ。

6 さんすう

るいさんは、同じ値段(ねだん)のカステラを5個と
50円のドーナツを1個買います。
カステラ1個の値段を x 円、代金を y 円として、
次の□にあてはまる文字や数をかきましょう。

① x と y の関係を式に表しましょう。

| | ×5+ | | = | |

ヒント ことばの式は、カステラ5個の値段＋ドーナツ1個の値段＝代金だよ。

② x の値(あたい)を100、110としたとき、それぞれに対応する y の値を求めましょう。

$x=100$ のとき、　| |×5+| |=| |　　$y=$| |

$x=110$ のとき、　| |×5+| |=| |　　$y=$| |

POINTはココだよ！

x と y の関係を式に表せないときは、まず、ことばの式に表してみよう！

けいさんは、同じ値段(ねだん)のトマトを 4 個と
120 円のレタスを 1 個買います。
次の ☐ にあてはまる文字や数をかきましょう。

170円　180円　190円

❶ トマト 1 個の値段を x 円、代金を y 円として、x と y の関係を式に表しましょう。

☐ ×4+ ☐ = ☐　　ヒント　トマト 4 個の値段＋レタス 1 個の値段＝代金 だよ。

❷ 代金が 880 円のときのトマト 1 個の値段を求めましょう。

$x=170$ のとき、$170×4+$ ☐ $=$ ☐　　　$y=$ ☐

$x=180$ のとき、$180×4+$ ☐ $=$ ☐　　　$y=$ ☐

$x=190$ のとき、$190×4+$ ☐ $=$ ☐　　　$y=$ ☐

トマト 1 個の値段は ☐ 円

POINTはココだよ！ x の値(あたい)を 170、180、…と変えて、y の値が 880 になる x の値をみつけよう！

底辺が 6 cm、高さが a cm の三角形の面積を、
いろいろな考え方で求めます。
式にあう図と説明を選んで、記号で答えましょう。

a cm
6cm

❶ $(6×a)÷2$　　　❷ $6×(a÷2)$　　　❸ $(6÷2)×a$

（　　）　　　　　　（　　）　　　　　　（　　）

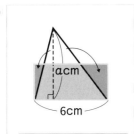

あ

a cm
6cm

高さが半分の長方形

い

a cm
6cm

長方形の半分

う

a cm
6cm

底辺が半分の長方形

POINTはココだよ！ 図を見て、どのような考え方で求めているかをよみとろう！

分数×整数、 分数÷整数

9 さんすう

分数に整数をかける、分数を整数でわる

次の( )にあてはまる数をかきましょう。

① $\dfrac{3}{7} \times 5 = \dfrac{(\quad\quad) \times (\quad\quad)}{7}$

$= \dfrac{(\quad\quad\quad\quad)}{7}$

> **分数×整数の計算のしかた**
> 分数に整数をかけるには、
> 分母はそのままで、
> 分子にその整数をかけます。
>
> $\dfrac{b}{a} \times c = \dfrac{b \times c}{a}$

② $\dfrac{5}{9} \div 4 = \dfrac{5}{(\quad\quad) \times (\quad\quad)}$

$= \dfrac{5}{(\quad\quad\quad\quad)}$

> **分数÷整数の計算のしかた**
> 分数を整数でわるには、
> 分子はそのままで、
> 分母にその整数をかけます。
>
> $\dfrac{b}{a} \div c = \dfrac{b}{a \times c}$

POINTはココだよ！ かけ算は分子に、わり算は分母に整数をかけるよ！

10 さんすう

次の( )にあてはまる数をかきましょう。

① $\dfrac{2}{5} \times 6 = \dfrac{(ア\quad) \times (イ\quad)}{(ウ\quad)}$

$= \dfrac{(エ\quad\quad)}{(ウ\quad\quad)}$

② $\dfrac{8}{9} \div 5 = \dfrac{(ア\quad\quad)}{(イ\quad) \times (ウ\quad)}$

$= \dfrac{(ア\quad\quad)}{(エ\quad\quad)}$

③ $\dfrac{7}{9} \times 18 = \dfrac{(ア\quad) \times \overset{(イ\; 2)}{\cancel{18}}}{\underset{}{9}}$

$= (エ\quad\quad)^{(ウ\; 1)}$

④ $\dfrac{6}{7} \div 12 = \dfrac{\overset{(イ\; 1)}{\cancel{6}}}{(ア\quad) \times \underset{(ウ\; 2)}{\cancel{12}}}$

$= \dfrac{(エ\quad\quad)}{(オ\quad\quad)}$

POINTはココだよ！ 約分をするときは計算のとちゅうでするとよいよ。

算数のお勉強

04

円の面積

円の面積

次の ☐ にあてはまることばや数をかきましょう。

① 円の面積＝ 半径 × 半径 ×円周率

　　　　　　　　　　　　　　　　　　　　　　半径

② 円周率を 3.14 として、円の面積を求めましょう。

半径 6cm の円

☐ × ☐ ×3.14＝ ☐　　　　　☐ cm²

直径 14cm の円

直径が 14cm だから、半径はその半分の ☐ cm

面積は、 ☐ × ☐ ×3.14＝ ☐　　　　☐ cm²

　円周率はふつう、3.14 を使うよ。

まおさんの考え方で、右の図の色をつけた部分の面積を求めます。☐ にあてはまる数をかきましょう。

12cm　あ
12cm

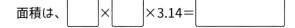

まお　☐ － あ ＝ あ　　正方形の面積から、あ の面積をひくよ。

① 正方形の面積 ☐ × ☐ ＝ ☐

② あ の面積 ☐ × ☐ × ☐ ÷4＝ ☐

ヒント　あ は、円を 4 つに分けた 1 つ分だよ。

③ 色をつけた部分の面積 ☐ － ☐ ＝ ☐

☐ cm²

　図形を組み合わせた形の面積は、図形を分けて考えるよ。

答え 7 ページ　**055**

分数×分数

13
さんすう

分数のかけ算

次の（　）にあてはまる数をかきましょう。

① $\dfrac{3}{5} \times \dfrac{7}{8} = \dfrac{3 \times (\text{ア}\qquad)}{5 \times (\text{イ}\qquad)}$

$= \dfrac{(\text{ウ}\qquad)}{(\text{エ}\qquad)}$

> **分数のかけ算のしかた**
> 分数のかけ算では、分母どうし、
> 分子どうしを、
> それぞれかけます。
> $$\dfrac{b}{a} \times \dfrac{d}{c} = \dfrac{b \times d}{a \times c}$$

② $2\dfrac{1}{4} \times \dfrac{3}{8} = \dfrac{(\text{ア}\qquad)}{(\text{イ}\qquad)} \times \dfrac{3}{8}$

$= \dfrac{(\text{ア}\qquad) \times 3}{(\text{イ}\qquad) \times 8}$

$= \dfrac{(\text{ウ}\qquad)}{(\text{エ}\qquad)}$

> **ヒント**
> 帯分数は仮分数になおして
> 計算しよう。

POINTは
ココだよ！ 分数のかけ算は、「分母どうし、分子どうしを、それぞれかける」と覚えておこう！

14
さんすう

次の（　）にあてはまる数をかきましょう。

① $\dfrac{9}{8} \times \dfrac{6}{7} = \dfrac{9 \times \overset{(\text{ア}\ 3)}{6}}{8 \times 7}\underset{(\text{イ}\ 4)}{}$

$= \dfrac{(\text{ウ}\qquad)}{(\text{エ}\qquad)}$

② $\dfrac{2}{3} \times \dfrac{9}{10} = \dfrac{\overset{1}{2} \times \overset{(\text{ア}\qquad)}{9}}{3 \times \underset{5}{10}}\underset{(\text{イ}\qquad)}{}$

$= \dfrac{(\text{ウ}\qquad)}{(\text{エ}\qquad)}$

③ $\dfrac{9}{4} \times \dfrac{5}{9} \times \dfrac{2}{7} = \dfrac{\overset{1}{9} \times 5 \times \overset{(\text{ア}\qquad)}{2}}{4 \times \underset{1}{9} \times 7}\underset{(\text{イ}\qquad)}{}$

$= \dfrac{(\text{ウ}\qquad)}{(\text{エ}\qquad)}$

> **ヒント**
> 3つ以上の分数のかけ算も、
> 分母どうし、分子どうしを
> それぞれかけるとよいよ。

POINTは
ココだよ！ とちゅうで約分をしておくと、計算が簡単になるよ。

次の問題に答えましょう。

① 分数や整数の逆数をかきましょう。

(ア) $\dfrac{2}{5}$ $\Big($　　　$\Big)$　　(イ) $\dfrac{8}{3}$ $\Big($　　　$\Big)$

ヒント
分数の逆数は、分母と
分子を入れかえた
分数だよ。
$\dfrac{b}{a} \times \dfrac{a}{b}$

(ウ) $\dfrac{1}{6}$ $\Big($　　　$\Big)$　　(エ) 8 $\Big($　　　$\Big)$

② あ～うのかけ算の式を、積が大きい順に並べましょう。

あ $18 \times \dfrac{15}{4}$　　い $18 \times \dfrac{2}{9}$　　う 18×1

（　　　）→（　　　）→（　　　）

ヒント　かける数＞1のとき、積＞かけられる数
かける数＝1のとき、積＝かけられる数
かける数＜1のとき、積＜かけられる数

 POINTはココだよ！　整数の逆数を考えるときは、分母が1の分数になおして考えよう！

 なべに水が $\dfrac{8}{9}$ L はいっています。なべの水の $\dfrac{5}{6}$ をやかんに
いれます。やかんにいれる水は何 L ですか。
次の（　）にあてはまる記号や数をかきましょう。

式　$\dfrac{8}{9}$ (ア　　) $\dfrac{5}{6}$ = $\dfrac{8 \times 5}{9 \times 6}$ (イ　　　　)
(ウ　　　)

$= \dfrac{(エ　　　　)}{(オ　　　　)}$

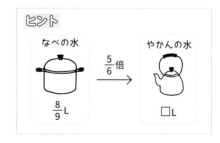

$\Big($ (カ)　　　　$\Big)$ L

 POINTはココだよ！　「なべの水の $\dfrac{5}{6}$」の $\dfrac{5}{6}$ は、割合を表しているよ。

分数÷分数

分数のわり算

次の（　）にあてはまる数をかきましょう。

$$\frac{3}{5} \div \frac{7}{8} = \frac{3}{5} \times \frac{(ア \quad)}{(イ \quad)}$$

$$= \frac{3 \times (ア \quad)}{5 \times (イ \quad)}$$

$$= \frac{(ウ \quad)}{(エ \quad)}$$

考え方

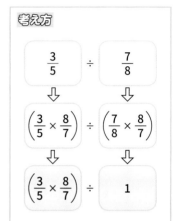

$$\frac{3}{5} \div \frac{7}{8}$$

⇩　　⇩

$$\left(\frac{3}{5} \times \frac{8}{7}\right) \div \left(\frac{7}{8} \times \frac{8}{7}\right)$$

⇩　　⇩

$$\left(\frac{3}{5} \times \frac{8}{7}\right) \div 1$$

分数のわり算のしかた
分数のわり算では、
わる数の逆数を
かけます。

$$\frac{b}{a} \div \frac{d}{c} = \frac{b}{a} \times \frac{c}{d}$$

POINTは
ココだよ! 分数のわり算は、わる数の逆数をかけるかけ算にしてから計算しよう。

次の（　）にあてはまる数をかきましょう。

❶ $\dfrac{4}{9} \div \dfrac{5}{6} = \dfrac{4}{9} \times \dfrac{(ア \quad)}{(イ \quad)}$

$$= \frac{\overset{(ウ\quad)}{4 \times 6}}{\underset{(エ\quad)}{9 \times 5}}$$

$$= \frac{(オ \quad)}{(カ \quad)}$$

❷ $\dfrac{1}{5} \div 2\dfrac{1}{2} = \dfrac{1}{5} \div \dfrac{(ア \quad)}{2}$

$$= \frac{1}{5} \times \frac{(イ \quad)}{(ア \quad)}$$

$$= \frac{1 \times (イ \quad)}{5 \times (ア \quad)}$$

$$= \frac{(ウ \quad)}{(エ \quad)}$$

ヒント
帯分数は仮分数になおして計算しよう。

POINTは
ココだよ! とちゅうで約分をしておくと、計算が簡単になるよ。

次の問題に答えましょう。

❶ 小麦粉 $\frac{3}{5}$ L の重さは 300g です。この

小麦粉 1L の重さは何 g かを求める式として、

<u>正しいもの</u>を ㋐ ～ ㋒ から選んで、

記号を〇で囲みましょう。

㋐ $300 \times \frac{3}{5}$ 　㋑ $300 \div \frac{3}{5}$ 　㋒ $\frac{3}{5} \div 300$

ヒント

300g 　□g 小麦粉

$\frac{3}{5}$ L 　　1 L

❷ ㋐ ～ ㋒ のわり算の式を、商が大きい順に並べましょう。

㋐ $18 \div \frac{8}{3}$ 　㋑ $18 \div \frac{2}{9}$ 　㋒ $18 \div 1$

ヒント　わる数＞1 のとき、商＜わられる数
　　　　わる数＝1 のとき、商＝わられる数
　　　　わる数＜1 のとき、商＞わられる数

(　　)→(　　)→(　　)

 POINT は ココだよ! まずは、問題文を式に表してみよう！

 次の式を、かけ算の式になおして計算します。
( )にあてはまる数をかきましょう。

❶ $6 \div 0.3 = \frac{6}{1} \div \dfrac{3}{(㋐ \qquad)}$

$= \frac{6}{1} \times \dfrac{(㋐ \qquad)}{3}$

$= \dfrac{6 \times (\qquad)}{1 \times \quad 3}$

$= (㋑ \qquad)$

$= (㋒ \qquad)$

❷ $\frac{4}{5} \times \frac{9}{8} \div \frac{9}{5} = \frac{4}{5} \times \frac{9}{8} \times \dfrac{(㋐ \qquad)}{(㋑ \qquad)}$

$= \dfrac{\overset{(㋒ \quad)}{4} \times \overset{1}{9} \times \overset{1}{5}}{\underset{1}{5} \times \underset{(㋓ \quad)}{8} \times \underset{1}{9}}$

$= \dfrac{(㋔ \qquad)}{(㋕ \qquad)}$

ヒント　かけ算とわり算の混じった計算は、
　　　　わり算をかけ算になおすよ。

 POINT は ココだよ! 整数や小数のわり算は、分数のかけ算になおせるよ。

角柱と円柱の体積

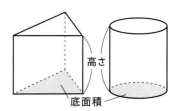

高さ

底面積

21
さんすう

角柱と円柱の体積

次の◯にあてはまることばや数をかきましょう。

① 角柱の体積＝◯◯◯◯◯◯◯ × ◯◯◯◯◯

② 円柱の体積＝◯◯◯◯◯◯◯ × ◯◯◯◯◯

③ 右の図のような、底面積が 35cm²、高さが 8cm の角柱の
体積を求めましょう。

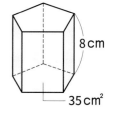

8cm

35cm²

式 ◯◯◯ × ◯◯◯ ＝ ◯◯◯◯◯   ◯◯◯◯◯ cm³
　　底面積　　高さ

ヒント　角柱の体積の公式にあてはめて、体積を求めよう。

POINTは
ココだよ!

角柱も円柱も体積の公式は 底面積 × 高さ だよ!

22
さんすう

次の問題に答えましょう。

① 右の図のような三角柱の体積を求める式として、<u>正しいもの</u>
を あ〜う から選んで、記号を◯で囲みましょう。

3cm

4cm　　8cm

　あ（8×3）×4　　　い（4×3÷2）×8　　　う（4+3）÷2×8

ヒント　底面は直角三角形だよ。

② 右の図のような四角柱の体積を求めます。

◯にあてはまる数をかきましょう。

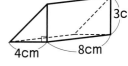

12cm

6cm

8cm　　10cm

式 （◯◯◯ ＋ ◯◯◯）× ◯◯◯ ÷2× ◯◯◯ ＝ ◯◯◯◯◯
　　　　　底面積　　　　　　　高さ

◯◯◯◯◯ cm³

ヒント
底面は台形
だよ。

12cm
8cm　6cm

POINTは
ココだよ!

どの面が底面になるかな?

23 次の問題に答えましょう。

① 右の図のような円柱の体積を求めます。

　□にあてはまる数をかきましょう。

式 (□ × □ ×3.14) × 9 = □
　　　　底面積　　　　　高さ

　　　　□ cm³

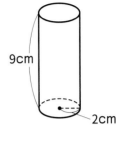
9cm
2cm

② 右の図のような円柱の体積を求める式として、正しいものを
あ〜うから選んで、記号を〇で囲みましょう。

あ (3×3×3.14)×5　い (6×6×3.14)×5　う (5×5×3.14)×6

ヒント 底面の円は直径が6cmだから、半径は3cmだよ。

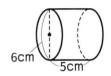
6cm
5cm

POINTは
ココだよ! 円柱だから、底面の形は円だね！

 24 右の図のような立体の体積を、底面積×高さ
の式を使って求めます。
次の□にあてはまる数をかきましょう。

① 底面は  の形です。底面積を求めましょう。

式 3× □ +6× □ = □ 　　□ cm²

ヒント

② 体積を求めましょう。

式 □ × □ = □ 　　□ cm³
　　底面積　　高さ

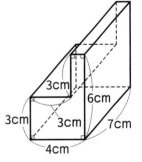
3cm
6cm
3cm　3cm
7cm
4cm

POINTは
ココだよ! 底面積をまちがえないように求めよう！

比

比の値、等しい比

次の□にあてはまる数をかきましょう。

① 比の値を求めましょう。

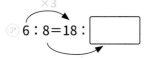

㋐ 2 : 7 □ ÷ □ = □

㋑ 9 : 3 □ ÷ □ = □

> 比の値
> $a : b$ の比の値は、
> $a \div b$ で求められます。

② 6 : 8 と等しい比を求めましょう。

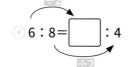

㋐ ×3 ↱ 6 : 8 = 18 : □ ×3

㋑ ÷2 ↱ 6 : 8 = □ : 4 ÷2

> ヒント
> 6 : 8 の、㋐ 両方の数に同じ数をかけた
> り、㋑ 両方の数を同じ数でわったり
> してできる比は 6 : 8 に等しいよ。

POINTは
ココだよ！ 等しい2つの比は、比の値が等しくなるよ。

比を、それと等しい比で、できるだけ小さな整数の比になおすこと
を、「比を簡単にする」といいます。

次の□にあてはまる数をかいて、比を簡単にしましょう。

① 16 : 24 = 2 : ③ ヒント 両方の数を、16 と 24 の最大公約数の 8 でわるよ。

② 2.8 : 2.1 = 28 : □
= 4 : □

③ $\dfrac{2}{9} : \dfrac{5}{6} = \dfrac{□}{18} : \dfrac{□}{18}$
= □ : □

> ヒント
> まず、両方の数に 10 をかけて、
> 小数の比を整数の比になおそう。
> 次に、整数の比を簡単にしよう。

> ヒント
> まず、9 と 6 の最小公倍数を使って、
> 分母をそろえよう。次に、両方の数に分母
> の数をかけて、整数の比になおそう。

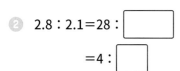

POINTは
ココだよ！ 整数の比を簡単にするときは、両方の数の最大公約数でわるよ！

ゆうなさんとゆきさんは、クラスの人数について話をしています。
次の問題の比を、簡単な整数の比で表しましょう。

ゆうな わたしのクラスの人数は、38 人だよ。
そのうち女の子は、20 人いるよ。

わたしのクラスの人数は、36 人だよ。
そのうち男の子は、18 人いるよ。　ゆき

① ゆうなさんとゆきさんのクラスの人数の比　　　　　（　　　　　　　　　　　　　　）

② ゆうなさんのクラスの女の子の人数とクラスの人数の比　（　　　　　　　　　　　　）

③ ゆきさんのクラスの女の子の人数とクラスの人数の比　（　　　　　　　　　　　　）

 まずは、人数を比で表してから、比を簡単にしよう。

 コーヒーと牛乳の量の比が 5：2 になるように混ぜて、
コーヒー牛乳を作ります。
牛乳を 300mL 使うと、コーヒーは何 mL 必要ですか。
次の　　　にあてはまる数をかきましょう。

① 牛乳を 300mL 使うときのコーヒーの量を△ mL として、
5：2 に等しい比をかきましょう。

5：2＝△： 300

MILK coffee

② コーヒーの量を求めましょう。

△＝5×　　　　　　　　

＝　　　　　　　　　　　　　　　　　　　　mL

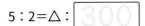 ヒント　等しい比の性質を使うよ。
×150
5：2＝△：300
×150

 等しい比の性質を使うと、もう一方の量が求められるね！

拡大図と縮図

29
さんすう

拡大図と縮図の性質

右の三角形 DEF と三角形 GHI は、それぞれ三角形 ABC を拡大、縮小した図形です。

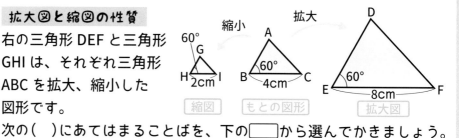

次の（　）にあてはまることばを、下の□から選んでかきましょう。

① 拡大した図形を（　　　　　）、縮小した図形を（　　　　　）といいます。

② 拡大図や縮図では、対応する直線の長さの（　　　）はすべて等しくなっています。

ヒント　辺 EF と辺 BC の長さの比は 2：1 だから、辺 DE と辺 AB の長さの比も 2：1 だよ。

③ 拡大図や縮図では、対応する角の（　　　　　）はそれぞれ等しくなっています。

ヒント　角 E と角 B、角 H と角 B の大きさは等しくなるよ。

拡大図　　縮図　　比　　大きさ

POINTは
ココだよ！

図形の形を変えずに大きくすることを拡大、小さくすることを縮小というよ。

30
さんすう

右の三角形 ADE は、三角形 ABC を拡大したものです。
次の問題に答えましょう。

① 辺 AD の長さは辺 AB の長さの何倍ですか。
□にあてはまる数をかきましょう。

式　　　4　÷　□　＝　□　　　□ 倍
　　　　AD の長さ　AB の長さ

② 三角形 ADE は三角形 ABC の何倍の拡大図ですか。　　　　（　　　　　）倍の拡大図

ヒント　対応する辺の長さが〇倍になるように拡大した図形を「もとの図形の〇倍の拡大図」というよ。

③ 辺 AE の長さは何 cm ですか。　　　　　　　　　　　　　　（　　　　　）cm

④ 辺 DE の長さは何 cm ですか。　　　　　　　　　　　　　　（　　　　　）cm

POINTは
ココだよ！

2倍の拡大図の辺の長さは、もとの図形の辺の長さの 2 倍になっているよ。

Mathematics

下の三角形 ABC を、頂点 A を中心にして 2 倍に拡大した
三角形 ADE を、コンパスを使ってかきましょう。

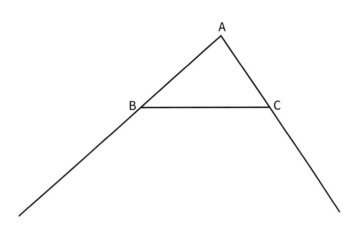

 辺 AB、辺 AC の長さをコンパスではかりとって、頂点 D と頂点 E をきめよう。

右の図は公園を真上から見て、
$\dfrac{1}{1000}$ の縮図に表したものです。
次の ☐ にあてはまる数を
かきましょう。

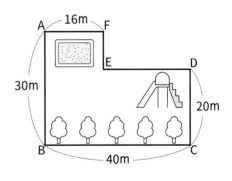

① 右の図の点 A から点 C までの直線の長さを
ものさしではかると、☐ cm です。

② 点 A から点 C までの実際の直線きょりは何 m ですか。

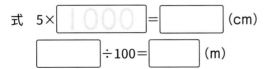

式　5× $\boxed{1000}$ ＝ $\boxed{}$ (cm)

$\boxed{}$ ÷100＝ $\boxed{}$ (m)

 m

 $\dfrac{1}{1000}$ の縮図だから、実際の長さは縮図の長さの 1000 倍だね！

比例と反比例

比例、比例を表す式

次の（　）の正しいほうを選んで、〇で囲みましょう。

① ともなって変わる2つの量 x、y があって、x の値が2倍、3倍、……になると、

y の値も（ 2倍、3倍 ・ $\dfrac{1}{2}$、$\dfrac{1}{3}$ ）、……になるとき、

y は x に比例するといいます。

② 1個60円のあめを x 個買ったときの代金を y 円と
すると、y は x に比例（ します・しません ）。

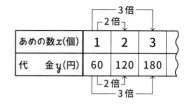

	3倍		
	2倍		
あめの数x(個)	1	2	3
代　　金y(円)	60	120	180

③ x と y の比例の関係を表す式は、$y =$ きまった数（ × ・ ÷ ）x と表します。

POINTは
ココだよ！
比例する2つの量 x、y の関係は、yの値 ÷ xの値 ＝ きまった数 だよ！

時速2km で歩いたときの時間を x 時間、道のりを y km として、
次の問題に答えましょう。

① 下の表は、y が x に比例するようすを表したものです。
表のあいているところに、数をかきましょう。

x（時間）	0	1	2	3	4
y（km）		2			8

② x と y の関係を表すグラフを右にかきましょう。

グラフのかき方
① 対応する x、y の値の組を表す点をとる。
② 対応する x、y の値の組を表す点を順につなぐ。

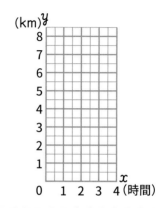

POINTは
ココだよ！
比例する関係を表すグラフは、0を通る直線になるよ！

反比例、反比例を表す式

次の（　）の<u>正しいほう</u>を選んで、〇で囲みましょう。

❶ ともなって変わる 2 つの量 x、y があって、x の値が 2 倍、3 倍、……になると、

y の値が $\left(2\text{倍、}3\text{倍} \;\cdot\; \dfrac{1}{2}\text{、}\dfrac{1}{3} \right)$、…… になるとき、

y は x に反比例するといいます。

❷ 面積が 24cm² の長方形の縦の長さを x cm、
横の長さを y cm とすると、y は x に
反比例（　します・しません　）。

縦の長さ x (cm)	2	4	6
横の長さ y (cm)	12	6	4

3倍・2倍　$\frac{1}{2}$・$\frac{1}{3}$

❸ x と y の反比例の関係を表す式は、$y =$ 「きまった数」（ × ・ ÷ ）x と表します。

POINTはココだよ！
反比例する 2 つの量 x、y の関係は、「x の値」×「y の値」＝「きまった数」だよ！

12 km の道のりを移動するときの速さを時速 x km、
かかった時間を y 時間として、次の問題に答えましょう。

❶ x と y の関係を式に表します。□□にあてはまる数をかきましょう。

$y = \boxed{} \div x$　　　ヒント　時間＝道のり÷速さ だね。

❷ 下の表は時速 x km と時間 y 時間の関係を調べたものです。
表のあいているところに、数をかきましょう。

時速 x (km)	1	2	4	12
時間 y (時間)		4	2	

❸ 時間は時速に比例しますか。反比例しますか。

（　　　　　　　　　　）

POINTはココだよ！
②は、①で表した式の x、y に数をあてはめて計算しよう！

場合の数

並べ方

あいさん、ひかるさん、るいさんの3人が
長いすに座ります。
次の問題に答えましょう。

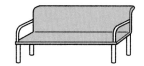

① まず、いちばん左に座る人をきめて、
真ん中、右の順に座る人をきめます。
あいさんを㋐、ひかるさんを㋩、
るいさんを㋣として、右のような図に
かいて、3人の座り方を調べます。
続きをかきましょう。

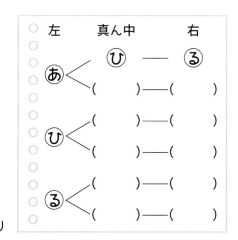

② 3人の座り方は全部で何とおりありますか。

（　　　）とおり

POINTはココだよ！ 数えまちがいのないよう、確認しながら図をかこう！

下のような4枚のカードがあります。
この4枚のカードから2枚を選んで、2けたの整数をつくります。
次の問題に答えましょう。

① 右のような図にかいて、どんな2けたの
整数ができるかを調べます。
続きをかきましょう。

ヒント　0のカードは十の位には、使えないよ。

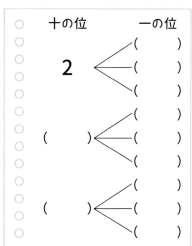

② 2けたの整数は全部で何とおりできますか。

（　　　）とおり

POINTはココだよ！ 図を使うと、並べ方のようすがわかりやすくなるよ！

組のつくり方

赤、青、黄、緑、黒の5枚の折り紙から2枚を選びます。
次の問題に答えましょう。

① 右のような表を使って、どんな
組み合わせがあるかを調べます。
続きをかきましょう。

ヒント
「赤と青」と「青と赤」は同じ組み合わせ
だから、○は1つだけだよ。

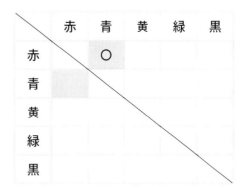

	赤	青	黄	緑	黒
赤		○			
青					
黄					
緑					
黒					

② 2枚の組み合わせは全部で何とおりありますか。

（　　　　　）とおり

同じ組み合わせを2回数えないように注意しよう！

赤、青、黄、緑、黒の5枚の折り紙から4枚を選びます。
次の問題に答えましょう。

① 右のような表を使って、どんな組み合わせが
あるかを調べます。
続きをかきましょう。

ヒント
5枚から4枚を選ぶから、選ばない1枚に
×をつけて表をかくよ。
赤を選ばない組み合わせは1とおりだね。

赤	青	黄	緑	黒
×				

② 4枚の組み合わせは全部で何とおりありますか。

（　　　）とおり

表を使うと、何とおりあるかわかりやすくなるよ！

データの調べ方

平均値、中央値、最頻値

下の表は5人のボール投げの結果を表したものです。
次の問題に答えましょう。

名　　前	すいこ	まひる	しおり	なつね	まなと
記録(m)	22	31	28	26	28

❶ 平均値は何mですか。　　　（　　　　　　　）m

ヒント　平均＝記録の合計÷人数だよ。

❷ 記録の値を小さい順に並べましょう。

22、（　　　　　）、（　　　　　）、28、31

❸ 中央値は何mですか。　　　（　　　　　　　）m

❹ 最頻値は何mですか。　　　（　　　　　　　）m

平均値	データの値の平均。
中央値	データの値を大きさの順に並べたときの、ちょうど真ん中の値。
最頻値	データの値の中で、いちばん多く現れる値。

POINTはココだよ！　中央値は、データの値を大きい順に並べるとわかりやすいよ。

下の表は9人のボール投げの結果を表したものです。
次の問題に答えましょう。

番号	①	②	③	④	⑤	⑥	⑦	⑧	⑨
記録(m)	25	26	26	28	26	21	24	24	25

❶ 下の数直線の図は、①～③までの記録を表したものです。
同じようにして、④～⑨の記録も表しましょう。

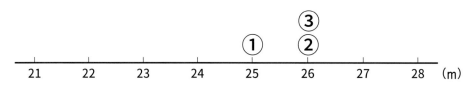

❷ 最頻値は何mですか。上の図を見て答えましょう。　　　（　　　　　　　）m

POINTはココだよ！　数直線上に、ちらばりのようすを表したものを「ドットプロット」というよ。

左の表は 6 年 1 組の 10 人が行ったゲームの得点を
表したものです。
得点を 5 点ごとに区切って、右のような表をつくります。
続きをかきましょう。

名前	記録(点)	名前	記録(点)
なおや	30	はるか	29
まお	42	さあや	36
りん	32	まな	28
ことは	43	かおる	46
りな	37	あんな	37

得点(点)	人数(人)	
25 以上～30 未満	丅	2
30 ～35		
35 ～40		
40 ～45		
45 ～50		
計		10

 「正」の字を使って、数えまちがいのないようにしよう！

 の表について、次の問題に答えましょう。

① ちらばりのようすを
右の柱状グラフに
表します。
続きをかきましょう。

ヒント
得点の階級を横、
人数を縦とする長方形を
かこう。

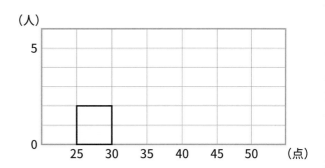

② 人数がいちばん多いのは、どの階級ですか。

(　　　　　)点以上(　　　　　)点未満

 🍀 の右の表や 🍀 のグラフの 5 点ごとに区切った区間のことを「階級」というよ。

45 <ruby>算数<rt>さんすう</rt></ruby>

6年生で学ぶ算数のだいじなことをまとめたよ。
<ruby>確認<rt>かくにん</rt></ruby>しよう。

線対称と点対称

☑ 線対称な図形…対応する2つの点を結ぶ直線は、対称の<ruby>軸<rt>じく</rt></ruby>と
<ruby>垂直<rt>すいちょく</rt></ruby>に交わる。
また、その交わる点から対応する2つの点までの
長さは等しい。

☑ 点対称な図形…対応する2つの点を結ぶ直線は、対称の中心を
通る。
また、対称の中心から対応する2つの点までの
長さは等しい。

分数のかけ算・わり算

☑ 分数のかけ算　$\dfrac{b}{a} \times \dfrac{d}{c} = \dfrac{b \times d}{a \times c}$

☑ 分数のわり算　$\dfrac{b}{a} \div \dfrac{d}{c} = \dfrac{b}{a} \times \dfrac{c}{d}$

円の面積

円の面積＝半径×半径×円周率
（円周率はふつう、3.14 を使います。）

比

☑ $a:b$ の比の<ruby>値<rt>あたい</rt></ruby>は、$a \div b$

☑ $a:b$ の両方の数に同じ数をかけたり、
両方の数を同じ数でわったりして
できる比は、$a:b$ に等しい。

角柱と円柱の体積

☑ 角柱の体積＝底面積×高さ

☑ 円柱の体積＝底面積×高さ

比例・反比例

☑ 比例…ともなって変わる2つの量 x、y があって、
x の値が2倍、3倍、……になると、y の値も2倍、3倍、……になる。

☑ 比例の関係を表す式… $y=$（きまった数）$\times x$

☑ 反比例…ともなって変わる2つの量 x、y があって、
x の値が2倍、3倍、……になると、y の値が $\dfrac{1}{2}$、$\dfrac{1}{3}$、……になる。

☑ 反比例の関係を表す式… $y=$（きまった数）$\div x$

算数は
ココまで！

6年生の算数は、これでバッチリだね！

ものが燃えるとき

ものが燃えるとき

（　）にあてはまる言葉を、
あとの　　から選んで書きましょう。

ろうそくや木などが燃える前と後の空気の成分を
比べると、燃える前に比べて、燃えた後の酸素は
（　　　　　）ことがわかる。
また、二酸化炭素は（　　　　　）ことがわかる。
ものが燃えるときは、空気中の（　　　　　）の
一部が使われる。
ろうそくや木などが燃えるときは、
（　　　　　）ができる。

ろうそくや木などが燃える前と後の
空気の成分の変化（体積での割合）

二酸化炭素など		
燃える前の空気		
ちっ素	酸素	
燃えた後の空気		

（ちっ素は，変化しない。）

増える	減る	変わらない	ちっ素	酸素	二酸化炭素

は
ココだよ！　ものが燃える前と後の、空気のちがいを確認しよう！

りなさんは、バーベキューをしたときのことを日記に書きました。
図を参考に、（　）にあてはまる言葉を、あとの　　から選んで
書きましょう。

日曜日に、家族でバーベキューをしました。
　準備を手伝って、コンロの中の炭に火をつけました。コンロ
の下側にいっぱい穴があいていて、ふしぎに思いました。
　お父さんに聞くと、穴があいていると、（　　　　　）がコンロ
の（　　　　　）から入って（　　　　　）へ出ていくから、よく燃えるん
だよと教えてくれました。
　外で食べるお肉は、いつもよりおいしかったです。

ほのお	空気	上	下

は
ココだよ！　ものが燃え続けるには何が必要かな。

次の文は、ものが燃えるときの変化について書いたものです。
（　）にあてはまる言葉を選んで、〇で囲みましょう。

ろうそくが燃える前と後の空気の成分を
調べると、燃える前に比べて、燃えた後の
酸素は（　増える　・　減る　）。

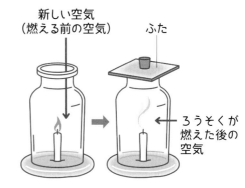

新しい空気
（燃える前の空気）
ふた
ろうそくが
燃えた後の
空気

ろうそくが燃える前と後の空気の成分を
調べると、燃える前に比べて、燃えた後の
（　酸素　・　二酸化炭素　）は増える。

ろうそくが燃える前と後の空気で、ちっ素の
量は（　変化しない　・　変化する　）。

ろうそくが燃える前と後で、酸素や二酸化炭素の体積の割合が変わるんだよ。

次の文を読んで、　ちっ素、　酸素、　二酸化炭素のうちのどれか、
あてはまる気体を記号で答えましょう。

空気中の成分で、もっとも多い気体。

（　　　）

びんの中に集めて火をつけたせんこうを入れたとき、せんこうが空気中より
激しく燃える気体。

（　　　）

石灰水を使うと、ふくまれているかどうかを調べることができる気体。

（　　　）

ものを燃やすはたらきがある気体。

（　　　）

ものが燃えるときは、空気中の酸素の一部が使われたね！

答え 11 ページ

次の[　]の中の文字をなぞって、ヒトの体のしくみについて
まとめましょう。

消化と吸収

口から入った食べ物は、食道→[胃]→[小腸]→大腸の順に送られ、
こう門から便となって出される。
口からこう門までの食べ物の通り道を[消化管]という。
食べ物を細かくしたり、だ液や胃液などの[消化液]のはたらきによって、
食べ物を体に吸収されやすいものに変えたりするはたらきを[消化]という。

呼吸

肺などで体内に[酸素]を取り入れ、体内から[二酸化炭素]を出すことを
呼吸という。

肺に入った酸素は血液中に取り入れられ、全身に運ばれるよ！

図を見て、消化に関係するヒトの体のつくりについて、
答えましょう。

図の　〜　の体のつくりの名前は何ですか。

（　　　　）（　　　　）
（　　　　）（　　　　）

口から取り入れられた食べ物が通る順に、
　〜　を並べましょう。

（口→　　　→　　　→　　　→　　　→こう門）

消化されてできた養分を吸収するのは、
　〜　のうちのどこですか。

（　　　　）

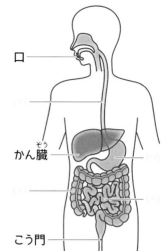

口

かん臓

こう門

食べ物にふくまれていた養分は小腸で吸収され、血液中に入って全身に運ばれるよ！

ちかげさんは、だ液のはたらきを調べて、まとめました。
（　）にあてはまる言葉を、あとの□□から選んで書きましょう。

うすい（　　　　　　　）が入った試験管　、　を用意する。

　にだ液を、　に水を加えて、　、　を約40℃の湯に入れてあたためる。

しばらくしてから、　、　に（　　　　　　　）を加える。

結果

	試験管		試験管
液の色の変化	変化しなかった。	（　　　　　　　）	色に変化した。

考察　（　　　　　　　）のはたらきによって、でんぷんは別のものに変化する。

だ液	でんぷんの液	ヨウ素液	赤	青むらさき

は
ココだよ！

ヨウ素液を使うと、何を調べることができたかな？

呼吸について、次の問題に答えましょう。

はき出した息のほうが、吸う空気よりも
割合が大きくなるのは、ちっ素、酸素、
二酸化炭素のうちのどの気体ですか。

（　　　　　）

口や鼻から吸いこまれた空気は、気管を
通って、　～　のどこに入りますか。
　　かん臓
　　心臓
　　食道
　　肺

（　　　　　）

吸う空気とはき出した息のちがい
（体積での割合）

二酸化炭素など

吸う空気		
ちっ素	酸素	

はき出した息		

は
ココだよ！

肺に入った酸素は血液中に取り入れられ、二酸化炭素は肺で血液中から出されるよ！

心臓や血液のはたらき

（　）にあてはまる言葉を、あとの▢から選んで書きましょう。

血液は、体じゅうに張りめぐらされた（　　　　）の中を、
たえず流れている。

血液は、縮んだりゆるんだりする（　　　　）のはたらきで
全身をめぐり、体の各部分に（　　　　）や養分を運び、
（　　　　　　）や不要なものを運び出している。

ヒトやほかの動物の体の中には、肺、心臓、かん臓、胃、
小腸など、さまざまな（　　　　）がある。

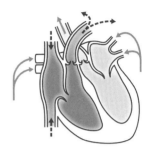

心臓の血液の流れ

肺　　心臓　　臓器　　血管　　二酸化炭素　　酸素

臓器は、たがいに血液を通してつながり合って、はたらいているよ。

せりかさんとになさんのダンスをした後の会話です。
これを読んで、次の問題に答えましょう。

せりか　　いっぱいダンスしたから、心臓がドキドキしているよ。

心臓の動きが激しくなって、脈はくの数も多くなったね。　　　になな

血液を全身に送り出している臓器は何ですか。

（　　　　　　）

心臓のはく動が血管を伝わり、手首などで感じる動きを何といいますか。

（　　　　　　）

運動後の脈はくの数は、運動前と比べて多くなりますか、少なくなりますか。

（　　　　　　）

心臓が血液を送り出している動きをはく動というよ。

次の文は、図の臓器のはたらきについて説明しています。
（　）にあてはまる言葉を選んで、〇で囲みましょう。

体内でできた不要なものは、血液によって
図の　の臓器に運ばれる。この臓器を
（　かん臓　・　じん臓　）という。

　の臓器では、血液によって運ばれた
（　養分　・　不要なもの　）が水とともに
こし出され、（　血液　・　にょう　）ができる。

にょうはしばらく（　ぼうこう　・　じん臓　）に
ためられ、その後、体外に出される。

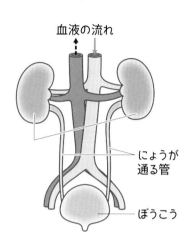

血液の流れ

にょうが
通る管

ぼうこう

は
ココだよ!

かん臓は養分をたくわえるはたらきをしているよ。

みんなで、ヒトの体についての学習をしました。
心臓、肺、小腸、かん臓について話をしているのはだれか、
答えましょう。

ますみ　空気中の酸素を取り入れ、
　　　　二酸化炭素を出している！

さくや　縮んだりゆるんだりして、
　　　　血液を送り出しているよ！

いたる　消化された養分を吸収するん
　　　　だね。

つづる　吸収された養分をたくわえ
　　　　るよ。

心臓（　　　　）肺（　　　　）小腸（　　　　）かん臓（　　　　）

は
ココだよ!

臓器の名前とそのはたらきを説明できるかな。

植物と水・空気

（　）にあてはまる言葉を、あとの□□から選んで書きましょう。

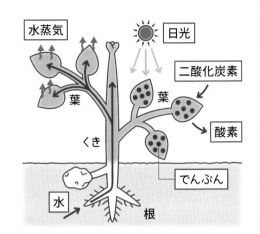

植物の葉に、（　　　　）が当たると、でんぷんがつくられる。

植物の根、くき、葉には（　　　　）の通り道がある。

植物の（　　　　）から吸い上げられた水は、おもに（　　　　）から、水蒸気となって出ていく。これを（　　　　）という。

根　　くき　　葉　　蒸発　　蒸散　　日光　　水

POINT は ココだよ！　植物の体から水蒸気が出ていく小さな穴を気こうというよ。

はるかさんは、誕生日のできごとを日記に書きました。これを読んで、次の問題に答えましょう。

誕生日にフラワーアレンジメントをもらったよ。(^^)
ラッピングをしたままかざっておいたら、ラッピングのセロファンに水てきがついてくもり、きれいなお花が見えにくくなっちゃった。(^_^;)

セロファンがくもったのは、植物の体から水が出ていったからと考えられます。水は、気体、液体、固体のどの姿で植物から出ていきますか。

（　　　　）

のように、植物の体から水が出ていくことを何といいますか。

（　　　　）

POINT は ココだよ！　水は、植物の体から、水蒸気となって出ていくよ！

図は、よく晴れた日の昼と夜の、植物に出入りする気体のようすを表したものです。次の問題に答えましょう。

図の　、　は、それぞれ何という
気体ですか。

(　　　　　　)
(　　　　　　)

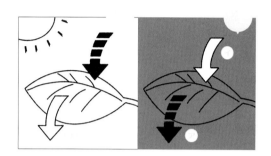

　を取り入れ、　を出すはたらきを
何といいますか。

(　　　)

植物の　のはたらきは、夜だけでなく昼も行われますか。行われませんか。

(　　　　　　)

はココだよ！ ヒトと同じように、植物も一日中、呼吸を行っているよ！

るいさんは、日光と葉のでんぷんの実験についてまとめました。
（　）に「あった」、「なかった」のどちらかを書きましょう。

夕方、ジャガイモの３枚の葉　、　、　をアルミニウムはくでそれぞれ包む。

次の日の朝、　の葉のアルミニウムはくを外して、でんぷんがあるか調べる。

　の葉のアルミニウムはくを外して、　と　の葉を日光に４時間当てる。

　の葉のアルミニウムはくを外して、　と　の葉にでんぷんがあるか調べる。

結果

	葉のでんぷん
の葉	なかった
の葉	(　　　)
の葉	(　　　)

考察
植物の葉に日光が当たると、
でんぷんがつくられる。

はココだよ！ でんぷんがあるかどうかを調べるには、ヨウ素液を使えばいいね！

答え11ページ

理科のお勉強
05 生物と環境

りか

生物と環境
次の[　]の中の文字をなぞって、生物と環境について
まとめましょう。

生物どうしの「食べる・食べられる」の関係の
つながりを[食物れんさ]という。
植物は光が当たると、二酸化炭素を取り入れ、
[酸素]を出す。また、植物も動物も、
[呼吸]によって酸素を取り入れ、
[二酸化炭素]を出す。
[水]は固体・液体・気体と姿を変えながら、
じゅんかんしている。地上にもどった水は、
[生物]のすみかになったり、体に取り入れられたりする。

は
ココだよ!
生物は、空気や水を通してまわりの環境とかかわって生きているんだよ。

りか

食べ物を通した生物どうしのつながりについて、
次の問題に答えましょう。

生物どうしの「食べる・食べられる」の関係のつながりを何といいますか。

（　　　　　　　）

　～　の生物を、食べられる生物から食べる生物の順になるように並べましょう。

ヘビ　　　　リス　　　　イタチ　　　　木の実

（　　→　　　→　　　→　　　）

水中の生物どうしは、　　の関係でつながっていますか。いませんか。

（　　　　　　　）

は
ココだよ!
食物れんさは、陸上、水の中、土の中などいろいろなところで見られるよ。

図を見て、空気を通した生物どうしのつながりについて、次の問題に答えましょう。

図の　、　にあてはまる気体は
何ですか。

（　　　　　　）
（　　　　　　）

植物も動物も行っている、
　を取り入れて　を出すはたらきを
何といいますか。
（　　　　　）

動物

植物

╴╴▶　の気体の移動　　　━━▶　の気体の移動

日光が当たったとき、　を出すのは植物と動物のどちらですか。

（　　　　　）

は
ココだよ！

呼吸は、動物だけでなく植物も行っているはたらきだね！

給食の時間のなおさんとゆうりさんの会話です。
（　）にあてはまる言葉を、あとの□から選んで
書きましょう。

なお　　大好きな牛肉のカレーライスだ！いただきます。

ウシは、牧草を食べて育つから、食べるもののもとをたどれば、
（　　　　）に行きつくよね。　　　　　ゆうり

なお　　あと、植物も動物も、育つには（　　　　）が必要だよね。
すみかにしている生物もいるし。

わたしたちにも必要だね！ゴクゴク。　　ゆうり

植物　　動物　　水　　空気

自分が食べている食べ物のもとをたどってみよう。

水よう液の性質

（　）にあてはまる言葉を選んで、〇で囲みましょう。

水よう液の性質

● 水よう液には、酸性、中性、アルカリ性のものがある。

　青色リトマス紙を赤色に変えるものを（　酸性　・　アルカリ性　）の水よう液といい、

　赤色リトマス紙を青色に変えるものを（　酸性　・　アルカリ性　）の水よう液という。

● 水よう液には、気体がとけているものが（　ある　・　ない　）。

水よう液と金属

● 鉄やアルミニウムにうすい塩酸を加えると、

　鉄やアルミニウムは（　あわを出してとける　・　変化しない　）。

　このように、水よう液には、金属を別のものに変化させるものが（　ある　・　ない　）。

POINT は ココだよ！ 水よう液によって、性質やはたらきがちがうんだね！

かずなりさんは、4種類の水よう液をそれぞれリトマス紙に
つけたときの色の変化を調べて、まとめました。
（　）に酸性、中性、アルカリ性のどれかを書きましょう。

水よう液	赤色のリトマス紙	青色のリトマス紙
食塩水	変化しない	変化しない
炭酸水	変化しない	赤色に変化する
うすい塩酸	変化しない	赤色に変化する
うすいアンモニア水	青色に変化する	変化しない

　　食塩水　　　　　　　炭酸水、うすい塩酸　　　　うすいアンモニア水

（　　　　　）　　　　（　　　　　　　）　　　　（　　　　　）

POINT は ココだよ！ リトマス紙の色の変化で、酸性、中性、アルカリ性のどれかがわかるよ！

次の水よう液と、それにとけているものを、線でつなぎましょう。
また、とけているものが気体の水よう液を、2つ選びましょう。

食塩水	・	・	さとう
炭酸水	・	・	食塩
塩酸	・	・	塩化水素
さとう水	・	・	二酸化炭素

とけているものが気体の水よう液　（　　　　　）と（　　　　　）

気体がとけている水よう液は、水を蒸発させても何も残らないよ！

鉄とアルミニウムに、うすい塩酸と食塩水をそれぞれ加えたときの
変化について、次の問題に答えましょう。

水よう液	鉄に加えたとき	アルミニウムに加えたとき
（　　　　　）	あわを出してとけた	あわを出してとけた
（　　　　　）	変化しなかった	変化しなかった

表の　、　に入る水よう液は、うすい塩酸か食塩水のどちらかです。
（　）にあてはまるものを書きましょう。

　で、あわを出してとけた金属は見えなくなりました。金属はどうなりましたか。
　、　から選びましょう。

　別のものに変化した。　　　　　なくなった。

（　　　）

水よう液で金属が変化したかどうかは、とけたものを取り出して調べるとわかるよ。

答え 12 ページ

次の [ ] の中の文字をなぞって、
月と太陽についてまとめましょう。

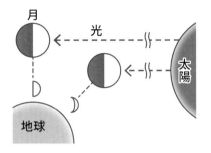

月の見え方

月は、自分では光を出さず、[太陽] の光を
反射（はんしゃ）している。

太陽と月の [位置] 関係が日によって
変わるため、月の形が変わって見える。

月の形の見え方は毎日少しずつ変化し、約 [1 か月] でもとにもどる。

月と太陽の表面

月の表面には、岩石や砂（すな）が一面に広がっていて、[クレーター] とよばれる
円形のくぼみがたくさんある。

太陽は、とても大きな球形の天体で、表面から強い [光] を出している。

はココだよ! 月の光って見える側に、太陽があるんだよ！

ある日の夕方、図のような月が南の空に
見えました。次の問題に答えましょう。

図の月を何といいますか。　～　から選びましょう。
新月（しんげつ）　　三日月（みかづき）　　半月（はんげつ）　　満月（まんげつ）

（　　　）

図の月が見えてから、約1週間後に見える月を、　　の　～　から選びましょう。

（　　　）

月の形はどのくらいで、もとの形にもどりますか。　～　から選びましょう。

約1週間　　　　約1か月　　　　約1年　　　　　　（　　　）

はココだよ! 半月（右）から約1週間後の夕方には、満月が東の空に見えるよ！

月に見立てたボールと、太陽に見立てた電灯を使って、中心から見たボールの明るい部分・暗い部分の形を観察します。　□のように、　～　の見え方をかきましょう。

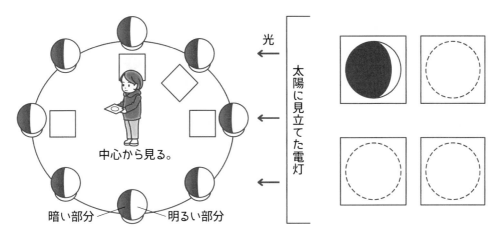

中心から見る。

光

太陽に見立てた電灯

暗い部分　明るい部分

はココだよ！　中心から④のボールを見ると、光が当たっている明るい部分が見えないね！

あいかさんは、宇宙（うちゅう）についてのテレビ番組を観て、感想文を書きました。（　）にあてはまる言葉を、あとの□から選んで書きましょう。

　アポロ11号に乗った宇宙飛行士が、月に降り立ったときのようすにいちばん感動しました。月の表面は、（　　　　　　）や砂でおおわれていて、（　　　　　　）がたくさんありました。
　太陽は、月とはちがって、自分で（　　　　）を出してかがやいていて、地球をあたためてくれている、なくてはならないものだと知りました。
　将来、宇宙旅行をしてみたい！と思いました。

クレーター　　岩石　　水　　光

はココだよ！　月と太陽の表面のようすは、それぞれちがっているね。

答え12ページ

地層のつくりとそのでき方

次の[　]の中の文字をなぞって、
地層のつくりとそのでき方について
まとめましょう。

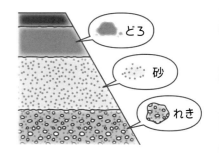

どろ

砂

れき

大地には、れき（石）・砂・どろなどがそれぞれ
重なり、層になって見えることがある。
このような層の重なりを[地層]という。

地層は、流れる水のはたらきによって[運ぱん]された土が、
つぶの大きさで分かれて水底に[たい積]してできる。

たい積したれき・砂・どろなどは、長い年月の間に固まるとかたい[岩石]になる。

POINTは
ココだよ！　けずる＝しん食、運ぶ＝運ぱん、つもる＝たい積　だよ。

次の文は、地層のつくりについて説明しています。
（　）にあてはまる言葉を書きましょう。

① 大地には、れき（石）・砂・どろなどがそれぞれ重なり、層をつくって
広がっているものがあります。このような層の重なりを何といいますか。

（　　　　）

② れき、砂、どろのうち、いちばんつぶが大きいものはどれですか。

（　　　　）

③ れき、砂、どろのうち、いちばんつぶが小さいものはどれですか。

（　　　　）

POINTは
ココだよ！　れき、砂、どろは、つぶの大きさで分けられた名前だよ！

次の文は、地層のでき方について説明しています。
（　）にあてはまる言葉を、あとの□□から選んで書きましょう。

地層の中のれきは、川原のれき（石）と同じように
（　　　　　　　）形をしている。
土と水をよく混ぜてしばらく置くと、図のように、
れき・砂・どろが（　　　　　　　）たい積する。
流れる（　　　　）のはたらきによって運ぱんされた土は、
つぶの大きさのちがうれき・砂・どろに分かれて、
順々に（　　　　　）にたい積する。このようなことをくり返して、地層はできる。

┌─── どろ
┌── 砂
├─ れき

┌──┐
│　　丸みのある　　　角ばった　　　水　　　風　　│
│　　分かれて　　　混ざったまま　　谷底　　水底　│
└──┘

5年で学習した、流れる水のはたらきを思い出そう！

みんなで、地層をつくるものについての学習をしました。
でい岩、砂岩、れき岩を観察したのはだれか、答えましょう。

なつか　れきと砂が混じって、
　　　　いろいろな大きさのつぶが
　　　　固まっているのが見えた。

ゆか　細かいどろのつぶが
　　　固まっているのがわかった。

かずは　大昔の貝などが地層の
　　　　中から出てきたものだね。

みさき　同じような大きさの
　　　　砂のつぶが、固まって
　　　　できていたよ。

でい岩（　　　　　）　砂岩（　　　　　）　れき岩（　　　　　）

れき岩、砂岩、でい岩は、つぶのようすで区別できるよ！

大地の変化

（　）にあてはまる言葉を、あとの□□から選んで書きましょう。

地層には、（　　　　　　）のはたらきによってできたものと、

（　　　　　　）が降り積もるなど、火山のふん火によってできたものがある。

地層には、大昔の生物の体や生活のあとが残った（　　　　）をふくむものがある。

地下で大きな力がはたらき、大地に（　　　　）とよばれるずれが生じると、

地震が起こり、大地が変化することがある。

火山がふん火すると、山や島ができたり、川がせきとめられて（　　　　）ができるなど、

大地が変化することがある。

湖　　化石　　断層　　火山灰　　流れる水　　雪

地震や火山のふん火によって、大規模な災害が起こることがあるよ。

こはなさんとゆきさんが、地層の観察を行ったときの会話です。

（　）にあてはまるものを、　　～　　から選んで書きましょう。

こはな　　この地層から、大昔の貝の（　　　　）が出てきたことがあるって。

ホント？私にも見つけられるかな。　　ゆき

こはな　　貝が出てきたから、この地層も（　　　）でできたのかな？

出てくる石の形も、川原の石と同じで（　　　）ね。　　ゆき

こはな　　どうやって地面がもち上がったのかな。ふしぎだね！！

化石　　　石化　　　水中　　　地底　　　角ばっている　　　丸みがある

山の上の地層から大昔の海や川の生き物の化石が見つかることがあるよ！

めいさんとせなさんは、地層にふくまれるつぶをけんび鏡で観察して、まとめました。次の問題に答えましょう。

つぶは丸みがあって、黒や茶色のものが混ざっていた。

つぶが角ばっていて、とうめいなガラスのかけらみたいなものもあった。

めいさんは火山灰のつぶを観察し、せなさんは砂のつぶを観察しました。

めいさんがかいたカードは、　　、　　のどちらですか。　　　　　　　　　　　　（　　　　）

火山灰の地層は、どのようにしてできますか。　～　から選びましょう。

　　岩が割れてできた。

　　火山のふん火で火山灰が降り積もってできた。

　　流れる水のはたらきでできた。　　　　　　　　　　　　　　　　　　　（　　　　）

火山灰のつぶは、角ばったものが多く、とうめいなものもあるよ！

つばささんは、地震と災害について調べたことをまとめました。（　）にあてはまる言葉を、あとの□から選んで書きましょう。

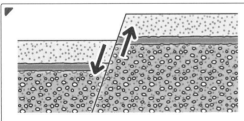

この大地のずれを（　　　　　）という。

⇓

（　　　　　　　）の発生!!

災害
・建物などがこわれて、（　　　　　）が
　発生することがある。
・海の近くでは、（　　　　　）が
　おし寄せてくることがある。
・地割れや山くずれが起きることがある。

対策
・避難場所までの道のりを確認し、
　れんらくする方法を家族と決めておく。
・（　　　　　　　）に参加する。

地震	火災	津波	避難訓練	断層	かみなり

避難訓練に参加するなど、防災への意識を高めておくことが大事だね。

答え13ページ　**091**

てこのはたらき

てこの規則性

（　）にあてはまる言葉を選んで、
○で囲みましょう。

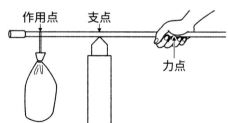

- てこでは、支点から力点までのきょりを
（　短く　・　長く　）するほど、重いものを
小さな力で持ち上げることができる。

- てこでは、支点から作用点までのきょりを（　短く　・　長く　）するほど、
重いものを小さな力で持ち上げることができる。

- てこは、支点の左右で、うでをかたむけるはたらきが（　等しい　・　ちがう　）ときに、
水平につり合う。

POINTはココだよ！　てこのうでをかたむけるはたらきは、「おもりの重さ×支点からのきょり」で
表すことができるよ。

身の回りには、てこを利用した道具がたくさんあります。
次の問題に答えましょう。

① 支点、力点、作用点は、図の　～　のどこですか。
支点（　　　）　力点（　　　）　作用点（　　　）

② てこの支点、力点、作用点をそれぞれ説明しているのは
だれか、答えましょう。

> はやと　ものに力がはたらくところだよ！

> しゅん　てこを支えるところだね。

> はるな　力を加えるところのことだ！

支点（　　　）　力点（　　　）　作用点（　　　）

POINTはココだよ！　バールを使うときは、持つところ（力点）は支点から遠いほうが、楽にくぎがぬけるよ！

てこがつり合うとき、次の関係が成り立ちます。

左のうで
おもりの重さ × 支点からのきょり

＝

右のうで
おもりの重さ × 支点からのきょり

図のように、左のうでのきょり4の位置に
30g分のおもりがつるされているとき、
右のうでのきょり3の位置に何gの
おもりをつるせば、てこはつり合いますか。
〜 から選びましょう。

10g　　　20g
30g　　　40g

（　　　）

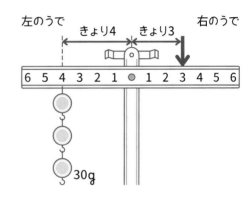

　左のうでのてこをかたむけるはたらきは、30×4＝120 だから ・・・!?

てこを利用した道具について、
次の問題に答えましょう。

せんぬきでせんを開けるとき、支点、力点、
作用点の並び方は、　〜　のどれですか。

（　　　　）

より小さい力でせんを開けるには、せんぬきの支点に近い部分と遠い部分の
どちらを持って使えばよいですか。

（　　　　　部分）

　てこを利用した道具には、はさみ、ピンセットなどがあるよ！

電気の利用

電気の利用

（　）にあてはまる言葉を、あとの◻️から選んで書きましょう。

発電機を使うと、電気を（　　　　）ことができる。
また、コンデンサーを使うと、電気を（　　　　）ことができる。

電気は、光や熱、音、運動など、いろいろなものに
変えて利用されている。たとえば、電灯は、電気を
（　　　）に変かんして　利用している。
また、ラジオは、電気を（　　　）に変かんして
利用している。

たくわえる　　つくる　　光　　熱　　音　　運動

**は
ココだよ！**　電気はつくったり、ためたりできるよ！

のりかさんとめいみさんが電話で話しています。
（　）にあてはまる言葉を、あとの◻️から選んで書きましょう。

のりか　きのうの停電、だいじょうぶだった？

ハンドルを回して電気がつくれる（　　　　）つきの
かい中電灯を使ったよ！　　　　　　　　　　　　　　**めいみ**

のりか　それ、ラジオも聞けるの？？持っていてよかったね～。

お父さんは、日光に当てると電気ができる（　　　　）を
置こうかなって言ってたよ。　　　　　　　　　　　　**めいみ**

手回し発電機　　モーター　　光電池　　じゅう電池

**は
ココだよ！**　手回し発電機や光電池(太陽電池)などを使えば、電気をつくり出せるよ！

図のように、コンデンサーと手回し発電機をつないで、
手回し発電機のハンドルを何回か回した後、そのコンデンサーを
豆電球につなぐと、明かりがつきました。次の問題に答えましょう。

コンデンサーのはたらきを、　～　から選びましょう。

　　電気を流すと明るくなる。

　　電気を流すと音を出す。

　　電気をたくわえる。

（　　　　）

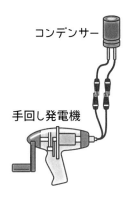
コンデンサー

手回し発電機

コンデンサーを豆電球ではなく、電子オルゴールに

つないだとすると、電子オルゴールはどうなりますか。

　～　から選びましょう。

　　光がつく。　　　　　音が鳴る。　　　　　何も起こらない。

（　　　　）

は
ココだよ！　コンデンサーを使うと、電気をたくわえることができるよ！

あやかさんは、電気を利用している器具についてまとめました。
（　）にあてはまる言葉を、あとの□から選んで書きましょう。

電気を変かんしたもの	利用している器具
音	電子オルゴール、（　　　　　）
（　　　　　）	かい中電灯、けい光灯
（　　　　　）	トースター、（　　　　　）
運動	せん風機、（　　　　　）

洗たく機　　ラジオ　　アイロン　　光　　熱

ラジオは音に、トースターは熱に電気を変かんしているよ！

理科で使う薬品などについて、確認（かくにん）しよう。

☑ 石灰水（せっかいすい）は二酸化炭素にふれると白くにごる性質があるので、石灰水を使うと、
二酸化炭素がふくまれているかどうかを調べることができる。

使い方 …気体が入っているびんなどに石灰水を入れて、
ふたをしてふり混ぜる。

— 二酸化炭素

— 石灰水　→白くにごる。

— 酸素

— 石灰水　→変化しない。

注意 皮ふにふれたり、目に入ったりしないように気をつける。
使うときには保護眼鏡（めがね）（安全眼鏡）をかける。

☑ リトマス紙に水よう液をつけたときの色の変化によって、
水よう液が酸性・中性・アルカリ性のどれかを調べる
ことができる。赤色と青色の2種類がある。

使い方 …リトマス紙をピンセットで取り出し、
ガラス棒（ぼう）でリトマス紙に水よう液をつけて、
色の変化を観察する。

赤色→変化なし
青色→赤色に変化
↓
酸性の水よう液

赤色→変化なし
青色→変化なし
↓
中性の水よう液

赤色→青色に変化
青色→変化なし
↓
アルカリ性の水よう液

注意 リトマス紙はピンセットで取り出し、直接手でさわらない。
水よう液をつけたガラス棒は、1回ごとに水で洗（あら）う。

は
ココまで！

安全に気をつけて、楽しく観察・実験をしよう。

LET'S STUDY

Social Studies

~社会のお勉強~

もくじ

社会のお勉強

縄文時代〜大和朝廷

次の文の[　]の中の言葉をなぞりましょう。

縄文時代〜大和朝廷

・狩りや採集を行っていた縄文時代に使われた、縄をおしつけたような文様がついている土器を[縄文土器]という。

・米づくりが行われていた弥生時代のころに使われた、うすくてかたい土器を[弥生土器]という。

・3〜7世紀にかけて、各地で王や豪族の墓である[古墳]がつくられた。

・4世紀ごろに、大和地方(今の奈良県)を中心に勢力を広げた国の政府を[大和朝廷（大和政権）]という。

☞縄文土器　☞弥生土器

前方後円墳 ☞

POINTはココだよ！ 大和朝廷(大和政権)の王を大王といって、のちに天皇とよばれたよ。

次の道具の説明と合うイラストを線で結び、その道具の名前も線で結びましょう。

❶ ● 稲の穂をかり取る ・　・ア　・銅鐸

❷ ● 古墳の表面に置かれた ・　・イ　・石包丁

❸ ● 祭りのときに使われた ・　・ウ 　・はにわ

POINTはココだよ！ 石包丁は、米づくりに使われた道具だよ！

098

次の文を読んで、正しいものには〇を、まちがっているものには×を書きましょう。

❶（　　）吉野ヶ里遺跡は、縄文時代の遺跡である。

❷（　　）弥生時代に米づくりが始まり、東日本を中心に広まった。

❸（　　）縄文時代や弥生時代の人々は、たて穴住居という家に家族で住んでいた。

❹（　　）古墳の表面には、はにわが並べられた。

❺（　　）古墳がつくられたころ、大和地方に大和朝廷（大和政権）とよばれる政府ができた。

縄文時代、弥生時代を代表する遺跡をおさえておこう！

次の（　）にあてはまる言葉を、下から選んで書きましょう。

しょう　邪馬台国の女王は（❶　　　　　）っていうんだよね？

そうそう。（❷　　　　　）の古い歴史の本に書かれているよ。うらないやまじないで政治をしていたそうだよ。　ちか

しょう　米づくりが広まったころ、朝鮮半島から日本にやってきた人々は何ていうんだっけ？

（❸　　　　　）のことだね。漢字や仏教、土木建築や焼き物などをつくる技術を日本に伝えてくれたんだよね。　ちか

| 渡来人 | 新人 | 中国 | 朝鮮 | 卑弥呼 | 大王 |

②の歴史書は、「魏志倭人伝」といって、3世紀ごろの日本の様子が書かれているよ。

Social studies

飛鳥時代〜奈良時代

⑤ 次の文の[ ]の中の言葉をなぞりましょう。

飛鳥時代〜奈良時代

・天皇の摂政で、冠位十二階や十七条の憲法を定めたのは
[聖徳太子]である。

・[中大兄皇子]や中臣鎌足は大化の改新を始め、8世紀
の初めには、国を治めるための法律である[律令]ができた。

・律令制によって人々は[租・調・庸]といった税を納めた。

・仏教の力で国を治めようと東大寺を建てて大仏をつくったのは
[聖武天皇]である。

・中国のすぐれた僧である[鑑真]は、日本に来日して正式な仏教を伝えた。

租
調
庸

POINTはココだよ! 飛鳥時代〜奈良時代の重要人物をおさえよう!

⑥ 次の日記と日記を書いた人物を、線で結びましょう。

❶ 〇月▲日
今日は、十七条の憲法をみんなに発表したよ。これで天皇を中心とした政治ができるようになったらいいなぁ。

❷ 口月●日
蘇我氏をたおして、大化の改新を始めました。まだまだ国のためにやることが多いけどがんばらなくちゃ。

❸ △月■日
聖武天皇にたのまれて、大仏づくりに協力することになった。完成まで遠いけど、いい大仏をつくるぞ。

中大兄皇子　　　行基　　　聖徳太子

POINTはココだよ! 中大兄皇子と行基、聖徳太子が何を行ったか確認しよう。

7 しゃかい 次の律令制による人々の負担についてまとめた表の、
（　）にあてはまる言葉や数字を書きましょう。

（❶　　　　　）	稲の収穫高の約（❷　　　　）％を納める	
（❸　　　　　）	布や地方の特産物を納める	
庸	年間に（❹　　　　）日間都で働くかわりに、布を納める	
兵役	都や九州地方の警備を行う	

POINTはココだよ！　律令制の人々の負担のちがいを覚えよう！

8 しゃかい 飛鳥時代から奈良時代のできごとについて、
（　）にあてはまる言葉を下から選んで書きましょう。

❶ 聖徳太子は（　　　　　　　　）中心の政治を目指した。

⬇

❷ 聖徳太子の死後、（　　　　　　　　）が勢力をのばした。

⬇

❸ 中大兄皇子と（　　　　　　　　）らによって大化の改新が始まった。

⬇

❹ 国を治める体制が整い、国を治める法律である（　　　　　　　　）ができた。

豪族　　十七条の憲法　　小野妹子　　蘇我氏
律令　　中臣鎌足　　天皇　　大仏

POINTはココだよ！　天皇中心の政治体制が固まるまでの流れを覚えよう。

Social studies

平安時代の文化

 9 しゃかい

次のイラストを見て、[　]の中の言葉をなぞりましょう。

日本風の文化

 A

 B

C

ひらがな		カタカナ	
安→あ→あ		阿→ア	
以→い→い		伊→イ	
宇→う→う		宇→ウ	

- A は宮殿の女性の正式な服装で、[十二単]とよばれる。
- 貴族たちは、B の[寝殿造]とよばれるつくりの大きなやしきに住んだ。
- 漢字からできた C の[かな文字]では、自分の気持ちを自由に表現できるようになり、すぐれた文学作品が生まれた。

 POINTはココだよ! 平安時代には、日本の風土にあった日本風の文化が生まれたんだよ!

10 しゃかい

紫式部と清少納言の会話を読んで、（　）にあてはまる言葉を下から選んで書きましょう。

紫式部 ▶ 私は、はなやかな貴族の生活を『（①　　　　　　　）』という（②　　　　　　　）に書きました。①の名場面を（③　　　　　　　）という絵でかいてもらったこともあります。

私は『（④　　　　　　　）』という（⑤　　　　　　　）を書きました。④には、天皇のきさきに仕えていたころに体験したことや感じたことを書きました。 ◀ 清少納言

枕草子	小説	随筆	源氏物語	大和絵

 **POINTはココだよ!** 紫式部が書いた小説は、現在も世界の国々で読まれているよ。

社会のお勉強
04

鎌倉時代

★11 次の文の[　]の中の言葉をなぞりましょう。

武士の政治の始まり

・平氏の[平 清盛]は武士で初めての太政大臣になり、政治を進めた。

・源氏の[源 頼朝]が兵をあげ、平氏を西国(西日本)に追いやり、
壇ノ浦(山口県)でほろぼした。

鎌倉幕府〜元寇

・源頼朝は新たに[鎌倉幕府]を開いて、家来の御家人と将軍の間に
[ご恩と奉公]の関係を結んだ。

・武士の裁判の基準となる[御成敗式目]という法律がつくられた。

・元軍が九州北部に2度せめてきたことを[元寇]という。

POINTは
ココだよ！ 鎌倉幕府では、武士による本格的な政治が行われたよ。

★12 次のカードの内容にあてはまる言葉を、線で結びましょう。

① 将軍が、家来になった武士に、先祖からの領地を認めること。　・

・ ㋐ 御成敗式目

② 元軍が九州北部に2度せめてきたこと。　・

・ ㋑ 元寇

③ 武士たちが、戦いが起こったとき、幕府のために戦うこと。　・

・ ㋒ ご恩

④ 武士の裁判の基準となる法律のこと。　・

・ ㋓ 奉公

POINTは
ココだよ！ 鎌倉幕府のしくみや政策をくわしく知っておこう！

Social studies

答え 14 ページ

室町時代の文化

13

次の文の［ ］の中の言葉をなぞりましょう。

室町幕府・勘合貿易・室町時代の文化

・14世紀中ごろに鎌倉幕府がたおれたあと、足利氏が京都に ［ 室町幕府 ］を開いた。

・3代将軍であった ［ 足利義満 ］は、中国(明)と勘合貿易(日明貿易)を行い、京都の北山に ［ 金閣 ］を建てた。

・8代将軍の足利義政は、京都の東山に ［ 銀閣 ］を建てた。銀閣の1階は、［ 書院造 ］といって、現在の和室につながるつくりとなっている。

・［ 雪舟 ］は、中国から伝わったすみ絵(水墨画)の作品を多く残した。

違い棚　障子　付け書院　ふすま　たたみ

↑書院造の部屋

POINTはココだよ! 室町時代には、現在の生活文化につながる室町文化が生まれたよ!

14

次のカードを見て、( )にあてはまる言葉を書きましょう。

新しい幕府

鎌倉幕府がほろんだあと、足利氏が (①) を開いた。

ここ!

❶ ( )

中国との貿易

3代将軍であった (②) によって、中国の明との貿易が始まった。

❷ ( )

室町文化

銀閣の1階は (③) とよばれ、現在の和室のもとになっている。

❸ ( )

POINTはココだよ! 金閣と銀閣をつくった人物をまちがえないように覚えよう!

社会のお勉強
06

戦国時代

15 しゃかい

3人の戦国武将

次の[　]の中の言葉をなぞりましょう。

織田信長　安土(滋賀県)に城を築き、その城下町で、だれでも自由に
商売ができるように [楽市・楽座] を行ったよ。

豊臣秀吉　百姓たちから刀や鉄砲を取り上げる [刀狩] や、全国で
田畑の広さや土地のよしあしを調べる [検地] を行ったよ。

徳川家康　天下分け目の戦いといわれる [関ヶ原の戦い] に
勝ち、[江戸幕府] を開いたよ。

POINTは
ココだよ！
3人の武将が行ったことをしっかり覚えておこう！

16 しゃかい

戦国時代から江戸幕府の成立について、次の問題に答えましょう。

❶ 年表中の A の城下で行われた、
だれでも自由に商売ができるよう
にした政策を何といいますか。
（　　　　　　　）

❷ 年表中の B にあてはまる、全国で
田畑の広さや土地のよしあしを調
べたことを何といいますか。
（　　　　　　　）

❸ 年表中の C にあてはまる地名を書きましょう。
（　　　　　　　）

年	できごと
1576	織田信長が A 安土城を築く
1582	豊臣秀吉が（　B　）を始める
1588	豊臣秀吉が刀狩を行う
1600	関ヶ原の戦い
1603	徳川家康が（　C　）に幕府を開く

POINTは
ココだよ！
江戸幕府によって、平和な世の中が約260年続いたよ。

答え14ページ

江戸時代

17

次の文の [ ] の中の言葉をなぞりましょう。

○ **江戸幕府の政治**
○ ・江戸幕府は、大名を親藩・譜代・[外様] の 3 つに分けた。
○ ・大名に 1 年おきに自分の領地と江戸を行き来させる [参勤交代] を定めた。
○ ・キリスト教を厳しく取りしまり、貿易の相手をオランダと中国に限定し、
○ 　貿易船の出入りを長崎のみとする [鎖国] の体制をとった。
○ **江戸時代の町人の文化と学問**
○ ・[歌舞伎] や人形浄瑠璃などの演劇や、世の中や人々の様子をえがいた
○ 　[浮世絵] が人気になった。学問では、西洋の学問である [蘭学] や、
○ 　古くからの日本人の考え方を研究する国学が発展した。

 POINTはココだよ！ 江戸幕府は親藩・譜代・外様の大名を工夫して配置したよ！

18

次のカードの内容にあてはまる言葉を、線で結びましょう。

❶ 世の中の人々の様子をえがき、
大量に刷られた版画。
　　　　・　　　　　・ ［ア］ 参勤交代

❷ 大名が 1 年おきに、自分の領地と
江戸を行き来する制度。
　　　　・　　　　　・ ［イ］ 浮世絵

❸ キリスト教を禁止し、貿易の相手を
オランダと中国に限定したこと。
　　　　・　　　　　・ ［ウ］ 鎖国体制

 **POINTはココだよ！** 参勤交代の出費は多く、大名の力は弱められたよ！

Social studies

19　しゃかい

次の 4 人のセリフは、それぞれだれのセリフですか。
❶〜❹にあてはまる人物を、下から選んで書きましょう。

❶ 私は蘭学を学んで、オランダ語の医学書を日本語にほん訳したよ。

❷ 私は町人の気持ちを、歌舞伎や人形浄瑠璃の脚本に書いたよ。

❸ 私は『古事記』を研究し、『古事記伝』を書いて国学を広めたよ。

❹ 私は日本各地を歩いて測量し、弟子たちと日本地図をつくったよ。

伊能忠敬　本居宣長
杉田玄白　近松門左衛門

❶（　　　　　）　❷（　　　　　）
❸（　　　　　）　❹（　　　　　）

POINTはココだよ！　④がつくった日本地図は、現在の日本地図と同じぐらい正確だったんだよ！

20　しゃかい

次の文を読み、正しいものを 2 つ選んで、〇を書きましょう。

❶（　　）江戸幕府は、2 年おきに領地と江戸を行き来する、参勤交代の制度を定めた。

❷（　　）江戸幕府は、大名を親藩、譜代、外様の 3 つに分け、工夫して配置した。

❸（　　）江戸幕府は、仏教を厳しく取りしまった。

❹（　　）江戸時代に貿易が許されたのは、スペインと中国のみであった。

❺（　　）仏教や儒教などが中国から伝わる以前の日本人の考え方を研究する国学が発展した。

POINTはココだよ！　貿易が許された相手は、江戸幕府が取りしまった宗教と関係するよ。

江戸時代〜明治時代

21

しゃかい

江戸時代〜明治時代

次の文の [ ] の中の言葉をなぞりましょう。

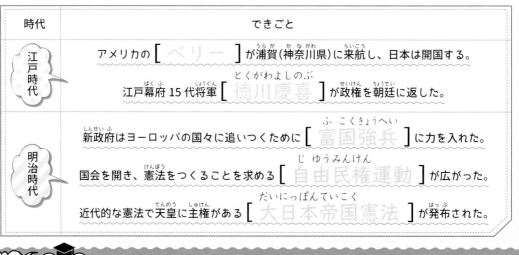

時代	できごと
江戸時代	アメリカの [ペリー] が浦賀(神奈川県)に来航し、日本は開国する。
	江戸幕府15代将軍 [徳川慶喜] が政権を朝廷に返した。
明治時代	新政府はヨーロッパの国々に追いつくために [富国強兵] に力を入れた。
	国会を開き、憲法をつくることを求める [自由民権運動] が広がった。
	近代的な憲法で天皇に主権がある [大日本帝国憲法] が発布された。

POINTはココだよ！　開国した後、近代的な国家をつくろうとする流れをおさえておこう！

22

しゃかい

次のセリフを読んで、（　）にあてはまる人物を、下から選んで書きましょう。

私は（❶　　　　　　　　）だ。長州藩と同盟を結び、江戸幕府をたおしたけれど、西南戦争を起こし敗れてしまった。

私は❶と同郷の（❷　　　　　　　　）だ。明治政府の指導者として、廃藩置県などを行ったんだ。

私は（❸　　　　　　　）だ。人々の意見を反映した国会を開き、憲法をつくることを求める自由民権運動を始めたんだ。

おおくぼとしみち 大久保利通	さいごうたかもり 西郷隆盛	いたがきたいすけ 板垣退助	きどたかよし 木戸孝允

POINTはココだよ！　倒幕運動の中心となり、その後明治時代に活やくした人物をおさえよう。

23 次の日記は、明治時代を過ごしたある人の日記です。これを読んで、問題に答えましょう。

① 下線部①について、明治時代になって、衣食住など人々の生活様式が西洋風に変化したことを何といいますか。
（　　　　　　）

② 下線部②について、この本を書いた人物はだれですか。
（　　　　　　）

③ （ ③ ）にあてはまる数字を、書きましょう。（　　　）

> **1876年△月●日**
> 新しい政府が行ったさまざまな改革で、①私たちの生活は大きく変わった。そんななかで出版された②『学問のすゝめ』という本には、「人間は生まれながらにして平等である」と書かれていて感動した。しかし、政府は強い軍隊をつくるためといって、徴兵令を出したので、（ ③ ）才になったばかりの次男は軍隊に入ってしまった。

POINTはココだよ！　明治時代には洋服を着る人や牛肉を食べる人が増えたんだ。

---

24 次のカードを読んで、問題に答えましょう。

A	B	C
それまで、収穫高に応じて米で納めていた税を、土地の価格の3％の現金で納めることにした。	各地に置かれていた藩を廃止し、新たに県や府を置いた。	内閣制度がつくられ、（　　　）が初代内閣総理大臣になった。

① A・Bの政策を、それぞれ何といいますか。
A（　　　　　　）
B（　　　　　　）

② Cの（ ）にあてはまる人物名を書きましょう。
（　　　　　　）

③ Cのころに、天皇が国民にあたえる形で発布された憲法を何といいますか。
（　　　　　　）

POINTはココだよ！　初代内閣総理大臣になった人物は、憲法をつくる仕事に力を注いだよ。

Social studies

明治時代〜昭和時代

明治時代〜昭和時代

次の文の[　]の中の言葉をなぞりましょう。

年	できごと
1894	外務大臣の陸奥宗光が領事裁判権をなくすことに成功する 日本と中国（清）との間で[日清戦争]が起こる
1904	日本とロシアとの間で[日露戦争]が起こる
1910	日本が朝鮮（韓国）を植民地化する[韓国併合]が行われる
1911	外務大臣の小村寿太郎が関税自主権の回復に成功する
1931	[満州]にいた日本軍が中国軍を攻撃する
1941	日本軍の攻撃で、[太平洋戦争]が始まる
1945	アメリカ軍が広島・長崎に[原子爆弾]を落とす 8月15日に日本が降伏したことが国民に知らされる

POINTはココだよ！ 明治から昭和時代に起こった戦争の流れを、おさえておこう！

---

26 しゃかい

次のカードの内容にあてはまる言葉を、線で結びましょう。

① 外国人が日本で罪をおかした場合、その外国人を外国の法律でさばく権利。　・

・ ア 関税自主権

② 外国からの輸入品にかける税金を自由に決める権利。　・

・ イ 配給制

③ 米や野菜、衣類などを国が管理し、決められた量だけ配る制度。　・

・ ウ 領事裁判権

POINTはココだよ！ 配給制は戦時中に出されたもので、人々は戦争に協力させられたんだよ。

Social studies

27 しゃかい

次の4人のセリフは、それぞれだれのセリフですか。
①～④にあてはまる人物を、下から選んで書きましょう。

① 私は黄熱病という伝染病の研究を行い、広く世界に認められたよ。

② 私は、破傷風という伝染病の治療法を発見したよ。

③ 私は戦争に反対する強い気持ちを詩に書いて発表したよ。

④ 私は国際連盟の事務局次長を務め、世界の平和のために力をつくしたよ。

北里柴三郎	東郷平八郎	新渡戸稲造	与謝野晶子	野口英世

①（　　　　　） ②（　　　　　） ③（　　　　　） ④（　　　　　）

POINTはココだよ！ 何を行った人物なのか、しっかり覚えておこう！

28 しゃかい

次の文を読み、正しいものを2つ選んで、○を書きましょう。

① （　　） 陸奥宗光は、関税自主権の回復に成功した。

② （　　） 日中戦争のあと、近代的な設備をもつ八幡製鉄所が右の地図中のイにつくられた。

③ （　　） 1925年、満20才以上のすべての男女に、衆議院議員の選挙権があたえられた。

④ （　　） 国際連盟は、日本が建てた満州国を認めなかったため、日本は国際連盟を脱退した。

⑤ （　　） 1945年にアメリカが原子爆弾を落としたのは、右の地図中のウとオの都市である。

POINTはココだよ！ 原子爆弾が落とされたあと、日本は降伏し、戦争が終わったんだ。

Social studies

昭和時代〜令和時代

29 しゃかい

昭和時代〜令和時代

次の文の[　]の中の言葉をなぞりましょう。

昭和時代

年	できごと
1946	[日本国憲法]が公布
1952	日本が主権を回復する
1956	日本が[国際連合]に加盟する
1964	[東京オリンピック]が開かれる
1972	[沖縄]が日本に復帰する
1989	昭和天皇がなくなる

平成・令和時代

年	できごと
1995	[阪神・淡路大震災]が起こる
2004	イラクに[自衛隊]が派遣される
2011	[東日本大震災]が起こる
2021	東京オリンピックが開かれる

POINTはココだよ！ 戦後、日本が国際社会に復帰するまでの流れをおさえておこう！

30 しゃかい

次の日記を読んで、（　）のうち正しいほうを選んで、〇で囲みましょう。

1964年10月1日
今日は、東京と大阪を結ぶ❶（　山陽　・　東海道　）新幹線が開通したよ。
いつかこの新幹線で東京に行ってみたいな〜！

1964年10月10日
今日はいい天気のなか、❷（　東京　・　大阪　）でオリンピックの開会式が
行われたんだ。近所の電気屋さんのテレビで見たよ。
そうそう、そのときに電気屋さんに教えてもらったんだけど、テレビと電気
洗濯機と電気冷蔵庫を合わせて❸（　3C　・　三種の神器　）ってよぶんだって。

POINTはココだよ！ 東京オリンピックで、日本の復興を世界に伝えることができたんだよ！

31

次のできごとを、起こった順に並べかえ、記号で答えましょう。

1 沖縄が日本に復帰したよ。

2 サッカーワールドカップが韓国と日本で行われたよ。

3 阪神・淡路大震災が起こり、多くの人がぎせいになったんだ。

4 日本が国際連合に加盟したよ。

( ) → ( ) → ( ) → ( )

 **POINTはココだよ!** 2つの国でサッカーワールドカップが行われたのは、初めてだったよ。

32

次のカードの内容をあらわす言葉を、下から選んで記号を書きましょう。

1 戦後改革によって、1946年に公布された日本の憲法。

2 高度経済成長の中の1964年に開かれた、アジアで最初のオリンピック。

3 日本と韓国で2002年に開かれた世界のスポーツ大会。

4 2011年に東北地方などで起こった地震にともなう一連の災害。

ア 日本国憲法　イ サッカーワールドカップ　ウ 東日本大震災　エ 東京オリンピック

❶( ) ❷( ) ❸( ) ❹( )

 **POINTはココだよ!** 日本国憲法の三原則は、国民主権、基本的人権の尊重、平和主義だよ!

Social studies

日本国憲法、国会、内閣、裁判所

33 しゃかい

日本国憲法、国会、内閣、裁判所

次の文の [　] の中の言葉をなぞりましょう。

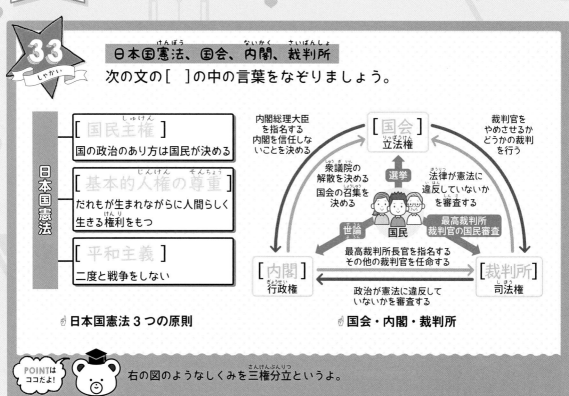

日本国憲法

[国民主権]
国の政治のあり方は国民が決める

[基本的人権の尊重]
だれもが生まれながらに人間らしく
生きる権利をもつ

[平和主義]
二度と戦争をしない

☞日本国憲法3つの原則　　　　☞国会・内閣・裁判所

POINTは
ココだよ！

右の図のようなしくみを三権分立というよ。

34 しゃかい

次のしゅんさんとたいしさんの会話を読んで、（　）にあてはまる
言葉を下から選んで書きましょう。

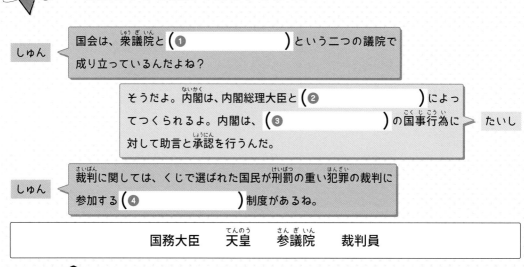

しゅん：国会は、衆議院と（❶　　　　　　　　　）という二つの議院で
成り立っているんだよね？

たいし：そうだよ。内閣は、内閣総理大臣と（❷　　　　　　　　　）によっ
てつくられるよ。内閣は、（❸　　　　　　　　　）の国事行為に
対して助言と承認を行うんだ。

しゅん：裁判に関しては、くじで選ばれた国民が刑罰の重い犯罪の裁判に
参加する（❹　　　　　　　　　）制度があるね。

国務大臣　　天皇　　参議院　　裁判員

POINTは
ココだよ！

内閣総理大臣は首相ともよばれるよ！

35 次の国民の権利や義務に関するカードを見て、問題に答えましょう。

① 次の文と関係の深いカードを選び、記号を書きましょう。

ア 判決に不満があるので、上級の裁判所にうったえた。（　　）

イ 選挙で市議会議員候補者に投票した。（　　）

ウ 労働者が生活の質を高めるために労働組合をつくった。（　　）

● A 税金を納める	● B 裁判を受ける
● C 政治に参加する	● D 言論や集会の自由
● E 健康で文化的な生活を営む	● F 仕事について働く
● G 働く人が団結する	● H 職業を選ぶ自由

② カードの中に、日本国憲法で国民が守らなければならない3つの義務のうち、2つがあります。その記号を書きましょう。　　　（　　）（　　）

POINTはココだよ！ 国民はさまざまな権利をもつと同時に、果たすべき義務があるんだよ。

36 次の文を読み、国会が行うものにはA、内閣が行うものにはB、裁判所が行うものにはC、天皇が行うものにはDを書きましょう。

① （　　）内閣総理大臣を指名する。

② （　　）外国の大使をもてなす。

③ （　　）法律が憲法に違反していないかどうか審査する。

④ （　　）国会に予算案・法律案を提出する。

⑤ （　　）法律を定めたり、予算を決めたりする。

⑥ （　　）外国と条約を結ぶ。

⑦ （　　）裁判官をやめさせるかどうかの裁判を行う。

⑧ （　　）憲法改正や法律などを公布する。

POINTはココだよ！ 外国と結んだ条約を認めるかどうかを決定するのは国会だよ。

Social studies

社会のお勉強
12 選挙、市の政治のしくみ

37

しゃかい

選挙、市の政治のしくみ

次の文の[ ]の中の言葉をなぞりましょう。

- 市長や市議会議員は、住民の
  [選挙]によって選ばれる。
- 市議会は、市の[予算]を決
  定したり、[条例]を制定・
  改正・廃止したりする。

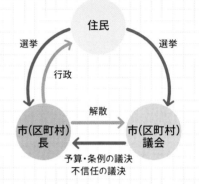

メモ		
市長や市議会議員に 立候補できる年令	25才以上
選挙に投票できる年令	18才以上

POINTは
ココだよ!

市民は、選挙で市の代表を選ぶことで、自分の意見を政治に反映できるよ。

38

しゃかい

次の4人のうち、選挙権について正しい内容を話している人を
1人選んで、名前を書きましょう。

りさこ
20才になったら市議
会議員に立候補しよ
うと思ってるんだ。

しんや
ぼくたちは20才に
なるまで選挙で投票
できないよね。

きみえ
衆議院議員の立候補
は、30才にならない
とできないね。

さとる
市長に立候補できる
のは、25才以上だね。

(   )

POINTは
ココだよ!

選挙で投票する権利を選挙権というよ。

39 しゃかい 次の図を見て、問題に答えましょう。

1 災害が起こったとき、都道府県の派遣要請を受けて、被災地に出動する組織を何といいますか。

（　　　　　　）

2 災害が起こったとき、国に報告をし、国と協議を行うのはどこですか。

（　　　　　　）

3 災害が起こったときなどに、利益を求めず、自主的に活動する人たちを何といいますか。

（　　　　　　）

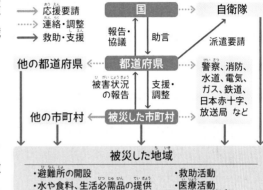

凡例：
→ 応援要請
⋯⋯▷ 連絡・調整
→ 救助・支援

国 ⋯⋯▷ 自衛隊

報告・協議　助言

他の都道府県 ◁⋯⋯ 都道府県 → 派遣要請

被害状況の報告　支援・調整

警察、消防、水道、電気、ガス、鉄道、日本赤十字、放送局 など

他の市町村　被災した市町村

被災した地域
・避難所の開設
・水や食料、生活必需品の提供
・救助活動
・医療活動
・障害物の除去 など

POINTはココだよ！ 災害が起こったとき、被害を受けた人を支援するのも国の大切な仕事だよ。

40 しゃかい 次の文を読み、正しいものを３つ選び、○を書きましょう。

1 （　　） 国民が国や市などに納めるお金を税金という。

2 （　　） 市の予算を決定するのは国である。

3 （　　） 税金は、納めたい人だけ納めればよい。

4 （　　） 市が行う仕事には、警察や消防の仕事、裁判の仕事、道路や橋の建設などがある。

5 （　　） 災害が起こったあとに、被災地の住民の安全を守り、生活を助けることが定められている法律を災害救助法という。

6 （　　） 水道やガス、電気など、人々が生活するために必要なものをライフラインという。

POINTはココだよ！ 東日本大震災のあと、復興庁という組織が国に設置されたよ。

Social studies

13 日本とつながりの深い国々

41 しゃかい

日本とつながりの深い国々

次の文の [　] の中の言葉をなぞりましょう。

アメリカ（アメリカ合衆国）
・首都はワシントン D.C.。
・いろいろな人種・民族がくらす
[多文化社会] である。

中国（中華人民共和国）
・首都は [ペキン]。
・[経済特区] という地区を中心に日本の企業が進出している。

韓国（大韓民国）
・首都は [ソウル]。
・目上の人を敬う
[儒教] を大切にする。

サウジアラビア
・首都はリヤド。
・日本は [石油] を多く輸入している。

POINTはココだよ！  それぞれの国の特徴を、しっかり覚えておこう！

42 しゃかい

次の文を読んで、（　）の中の正しいほうを選んで○で囲みましょう。

・韓国では、ソルラルが日本の（❶　旧正月　・　ひな祭り　）にあたるよ。
冬になると（❷　キムチ　・　のり　）づくりが始まるよ。

・中国には 50 以上の民族がいて、最も多い民族は、（❸　漢（民）族　・　モンゴル族　）だよ。

・アメリカから世界に広まったものには（❹　チマチョゴリ　・　ジーンズ　）や
（❺　ハンバーガー　・　シューマイ　）などがあるよ。

・サウジアラビアでは、（❻　キリスト教　・　イスラム教　）が広く信仰されているよ。

POINTはココだよ！  イスラム教徒は、1日5回、聖地メッカに向かっていのるんだ。

社会のお勉強

14 国際連合、日本の役割

43 しゃかい

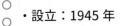

国際連合

次の文の[　]の中の言葉をなぞりましょう。

・設立：1945年

・本部：アメリカの[ニューヨーク]

国際連合の旗 ☞

・目的：世界の[平和]と安全を守り、人々の生活をよりよいものにする。

・[総会]：すべての加盟国（かめいこく）が参加し、さまざまな問題を議論（ぎろん）し、決定する。

・[国連機関]：世界の子どもを守るために活動する[ユニセフ]や
ユネスコなど、さまざまなものがある。

POINTは
ココだよ！

国際連合には、世界約200か国のうち193か国が加盟しているよ（2022年）。

44 しゃかい

次のカードの内容にあてはまる言葉を、線で結びましょう。

❶ 各国の政府や国連から独立して活動している民間の団体。

・　　　　・ ア ODA（政府開発援助）（オーディーエー）（えんじょ）

❷ 現在の世代の要求を満たしつつ、未来の世代の生活環境（かんきょう）をそこなわない社会。

・　　　　・ イ NGO（非政府組織）（エヌジーオー）

・　　　　・ ウ 持続可能な社会

❸ 貧しい国の人々の生活をよくするために政府が行う援助。

・　　　　・ エ ユニセフ

POINTは
ココだよ！

世界各地でいろいろな国際協力が行われているんだよ！

歴史年表

45 日本と世界の主なできごとを整理しよう！

時代	年	日本の主なできごと	年	世界の主なできごと
縄文（じょうもん）	1万年前ごろ	狩りや漁のくらし （縄文土器や石器）		
弥生（やよい）	2300年前	米づくりが大陸から伝わる （弥生土器や金属器）	紀元前 221	秦が中国を統一
古墳（こふん）	239	邪馬台国の卑弥呼が中国(魏)に使いを 送る	589	隋が中国を統一
飛鳥（あすか）	604	十七条の憲法の制定	618	唐が中国を統一
	645	大化の改新	676	新羅が朝鮮半島を統一
奈良（なら）	710	都が平城京に移る		
平安（へいあん）	794	都が平安京に移る	936	高麗が朝鮮半島を統一
鎌倉（かまくら）	1192	源 頼朝が征夷大将軍になる	1279	元が中国を統一
室町（むろまち）	1338	足利尊氏が京都に幕府を開く	1368	明が中国を統一
安土桃山（あづちももやま）	1590	豊臣秀吉が全国を統一する	1392	朝鮮国が建国される
江戸（えど）	1603	徳川家康が江戸に幕府を開く		
	1641	鎖国の体制が固まる	1644	清が中国を統一
	1853	ペリーが浦賀に来航	1776	アメリカ独立宣言
	1867	徳川慶喜が政権を朝廷に返す	1789	フランス革命
明治（めいじ） 大正	1889	大日本帝国憲法発布	1912	中華民国が建国される
	1937	日中戦争	1914	第一次世界大戦
昭和（しょうわ）	1941	太平洋戦争	1939	第二次世界大戦
	1946	日本国憲法公布	1950	朝鮮戦争
	1972	沖縄が日本に復帰する	1990	東西ドイツ統一
平成（へいせい）	1995	阪神・淡路大震災	2001	アメリカ同時多発テロ
	2011	東日本大震災	2003	イラク戦争が起こる
令和（れいわ）	2021	東京オリンピック・パラリンピックが開かれる		

社会はココまで！

年表は歴史を学習する基本になるよ。時代とできごとを結びつけて覚えてみよう。

CUSTOM

▲ 取りはずして使えるよ！▲

CUSTOM i STUDY

小6

STUDY HAPPY

答え

なぞり書きの問題については、
答えを省略している場合があります。

●・・・・・・・・・・・・・ 英語の答え ・・・・・・・・・・・・・●

01 自己しょうかい　▶ p.22-23

👑2 ① name　② from　③ like

👑3 ①㋑→㋐→㋒
　　②㋒→㋐→㋑

👑4 （例）My name is Arisa.
　　（例）I'm from Yokohama.
　　（例）I like blue.

考え方 👑1 少し太くなっている文字を強く読みましょう。

👑2 ①「名前」を意味する name を入れます。name の e を書き忘れ（わす）ないようにしましょう。
　②「〜出身」を意味する from を入れます。I'm の（'）はアポストロフィと呼（よ）びます。
　③「〜が好き」を意味する like を入れます。

👑3 ①「私（わたし）の名前は〜です。」は、My name is (Emi.) という文になります。文は大文字で始めるので、My の M は大文字になります。
　②「私は〜出身です。」は、I am from (Fukuoka.) という文になります。「私は」を表す I はいつも大文字です。

👑4 自分の名前を言うときは、My name is のあとに自分の名前を入れます。名前は大文字で始めることに注意しましょう。
　自分の出身地を言うときは、I'm from のあとに国や都道府県、都市の名前を大文字で始めて入れます。
　好きな色を言うときは、I like のあとに自分の好きな色を入れます。

02 いろいろな動き　▶ p.24-25

👑6 ① I play soccer.
　　② I cook breakfast.
　　③ I study math.

👑7 ①㋒　②㋐　③㋑

👑8 watch TV ／ play tennis

考え方 👑6 ①「（スポーツ）をする」は play のあとにスポーツ名を続けます。soccer は「サッカー」という意味です。
　②「朝食を作る」は cook「〜を料理する」を使います。breakfast は「朝食」という意味です。
　③「〜を勉強する」は study です。math は「算数」という意味です。

👑7 動詞（どうし）の意味を考えながら、あてはまる絵を選びましょう。
　① I study English. は「私は英語を勉強します。」という意味です。
　② I watch TV. は「私はテレビを見ます。」という意味です。
　③ I play tennis. は「私はテニスをします。」という意味です。

👑8 「テレビを見る」は watch TV、「テニスをする」は play tennis です。I には「ぼくは」という意味もあります。残りの cook dinner は「夕食を作る」という意味です。

03 疑問文　▶ p.26-27

👑10 ① Do，don't
　　 ② What，do，like

👑11 ㋓→㋐→㋑→㋒→㋔

👑12 ① Do　② do　③ What

考え方 👑10 ①A：「あなたはケーキが好きですか。」という意味。「あなたは〜が好きですか。」とたずねるときは、Do you で文を始めます。疑問文（ぎもんぶん）では、文の終わりにクエスチョンマーク（?）をつけます。B：Do で始まる質問に No で答えるときは、don't を使います。don't は do not を短縮（たんしゅく）した形です。
　②A：「何の」と具体的なものをたずねるときは、文のはじめに What を置きます。文のはじめは大文字なので、What と大文字で始めます。B：「〜が好き」は like で表

します。eatは「〜を食べる」という意味です。

ジムの答えから、ユマのたずねている内容を考えます。Jim が I like volleyball.「ぼくはバレーボールが好きです。」と答えているので、Yuma は「あなたは何のスポーツが好きですか。」とたずねたと考えます。What のあとに sport を続けると、「何のスポーツ」を表します。

①「あなたはペンがほしいですか。」という疑問文なので、Do で文を始めます。文のはじめなので、d は大文字にし、Do と書きます。

② Do で始まる疑問文には、do を使って答えます。文のはじめにくる Yes, No のあとには、コンマ(,)をつけます。

③「何の」を表す What を入れます。What color で「何色」という意味です。

04 できること ▶ p.28-29

① can ② can't ③ Can，can't

①イ→キ→オ→エ

②カ→ア→ウ

He can play tennis.
He can't swim.

考え方 ①「〜できる」は can で表します。

②「〜できない」は can't で表します。

③「〜することができますか」とたずねるときは、Can で文を始めます。答えの文でも can を使い、No のときは can't とします。

can は「〜できる」、can't は「〜できない」という意味です。

① can のあとに play tennis を続け、She can play tennis. とします。she は「かの女は」という意味です。

② can't のあとに dance を続け、He can't dance (well.) とします。he は「かれは」という意味です。

「できること」は「かれは〜できる」と考え、「かれはテニスをすることができます。」と

いう文にします。He can のあとに play tennis「テニスをする」を続けます。play the piano は「ピアノをひく」という意味です。

「できないこと」は「かれは〜できない」と考え、「かれは泳ぐことができません。」という文にします。He can't のあとに swim「泳ぐ」を続けます。cook は「料理をする」という意味です。

全訳 かれはボブです。かれはカナダ出身です。かれはテニスをすることができます。かれは泳ぐことができません。

05 過去形 ▶ p.30-31

① went ② saw ③ was

①ア→ウ→イ

②ウ→ア→イ

I went to a mountain.
I saw a rainbow.
It was beautiful.

考え方 ①「行った」は went、②「〜を見た」は saw、③「〜だった」は was で表します。「〜した」と過去のことを表す動詞と、「〜する」と現在のことを表す動詞では、形がちがいます。

① I went to the UK. とします。went to 〜 は「〜に行った」という意味です。

② I saw a bridge. とします。a bridge は「(1本の)橋」という意味です。英語の a は「1つの、1人の」という意味ですが、ふつう日本語には訳しません。

I went to a mountain.「私は山に行きました。」、I saw a rainbow.「私は虹を見ました。」、It was beautiful.「それは美しかったです。」という文にします。過去のことを表す動詞の形を覚えておきましょう。

01 同音異義語・同訓異字　▶ p.34-35

1 ①イ　②エ　③ア　④ウ

2 ①暑　②異常　③以上　④熱

3 （○をつけるほう）①現す　②破れ　③型　④再会　⑤修正

4 ①計、量、測　②聞、効　③写、移

考え方 **1** 同じ読み方でも、意味によって漢字が異なります。漢字を覚えるときには、漢字や熟語のもつ意味も覚えることが大切です。

2 ①「暑（い）」は気温が高いときに、④「熱（い）」は体温や物の温度が高いときに使います。

3 同じ音読みの熟語や同じ訓読みの漢字は、使い分けが分からないときに辞典で調べるなどして、きちんと漢字で書けるようにしておきましょう。

4 同じ訓読みの漢字は、熟語を思いうかべることで分かることがあります。①は、「時計」「重量」「測定」、②は、「効果」などから考えるとよいでしょう。

02 文の組み立て　▶ p.36-37

5 ①主語　②服が　③あらった　④かわいた

6 ①主語 友だちが　述語 書いた
　　主語 作文が　述語 受けた
　②主語 パパが　述語 買った
　　主語 たこやきは
　　述語 おいしかった

7 ①イ　②ウ　③イ　④エ

8 ①兄が選んだ、（兄に）とても似合っていた
　②運動場を走っている、応えんしている
　③姉が焼いたおいしいクッキー、食べた

考え方 **5** 主語と述語の関係が２つ以上ある文で、例のように１つの文（わたしがあらった）がもう一方の文（服がかわいた）の一部に

なっているものを複文といいます。

6 ②「パパが買った」は「たこやきは」を修飾しています。「夜店で」は「買った」を、「とても」は「おいしかった」を修飾しています。

7 □の言葉が直後にある語を修飾しているとは限りません。①～④のように、はなれている場合もあります。

8 ②２つ目の文から、「姉は」に対応する述語は「応えんしている」であることが分かるので、２つ目の（　）には「応えんしている」が入ります。
③１つ目の（　）にはクッキーを説明する言葉が全て入ります。「おいしい」もわすれずに入れましょう。

03 漢字の読み書き①　▶ p.38-39

9 ①こきゅう　②たんけん　③あやま　④せぼね　⑤ちぢ　⑥そんげん　⑦た　⑧じょまく　⑨むずか　⑩うやま　⑪お　⑫ふくつう

10 ①ア　②ウ　③ア　④イ

11 ①イ　②ア　③ウ　④ア

12 ①呼　②幕　③吸　④腹　⑤背中

考え方 **9** ③⑤⑦⑨⑩⑪は送り仮名が必要な訓読みです。⑤は「ちじむ」と書きまちがえないようにしましょう。
④は訓読みを組み合わせた熟語です。残りは音読みを組み合わせた熟語です。

10 ④の「垂」は、横棒の数をまちがえやすいので、注意しましょう。

11 文章の意味から漢字を思いうかべてみましょう。③は送り仮名を「痛たく」とまちがえないようにしましょう。

12 ④の「腹」や⑤の「背」は体に関係のある漢字なので、「月（にくづき）」が使われています。「背」の音読みは「ハイ」です。「ハイ」を使った熟語には「背後」、「背面」などがあります。

04 熟語の構成　▶ p.40-41

⓭ ①積極的　②非公開　③安全地帯
　　④正三角形　⑤海水浴客

⓮ ①⑦　②⑦　③⑦　④⑦

⓯ ①無一⑦　②非一⑦　③不一⑦
　　④未一⑦

⓰ ①集　②会　③所　④未　⑤完　⑥成
　　⑦大　⑧統　⑨領
　　三字熟語　集大成

考え方 **⓭** 三字熟語は二字熟語に一字を加えたも
のが多く、四字熟語は二字熟語どうしを組
み合わせたものが多くあります。

⓮ ③のように漢字一字ずつを組み合わせた熟
語は数が多くないので覚えておきましょう。
ほかには「市町村」や「松竹梅」などがありま
す。

⓯ 打ち消しの語はいろいろありますが、熟語
と組み合わせることでどれも「～ない」とい
う意味になります。打ち消しの語は後に続
く漢字や熟語によって変わります。「無道」
と「非道」や、「無力」と「非力」のように、打
ち消しの語がちがっても成り立つものもあ
ります。

⓰ ③には「所」が入ります。「市」＋「役所」とい
う一字＋二字の組み合わせです。

05 言葉の使い方　▶ p.42-43

⓱ （○をつけるほう）音声、文字、ていねい、
尊敬、けんじょう

⓲ ①⑦　②⑦　③⑦　④⑦

⓳ ①⑦　②⑦　③⑦

⓴ ①めし上がって（お食べになって）
　　②うかがっても（参っても）
　　③私の母が
　　④なのだと

考え方 **⓱** 話し言葉は、表情や身ぶりも合わせて
話し方で気持ちを伝えたり、相手に意図が

伝わっているか確かめながら、その場で言
い直したりすることができます。しかし、
思いついたままに話をすることが多いので、
整っていない文になりがちです。書き言葉
は、時間をかけて考え、書き直すことがで
きます。だれにでも分かるような表記で、
意図が伝わるように考えて書くことが大切
です。

⓲ 話し言葉でも書き言葉でも、伝えたいこと
は同じですが、文字にすると、話し言葉よ
り書き言葉のほうがていねいな印象を相手
にあたえます。また、文章としても読みや
すくなります。

⓳ 動作をする人がだれなのかによって、「尊
敬語」か「けんじょう語」かを区別します。
①②は「先生」の動作なので、「尊敬語」に直
します。③の「もらった」は、ゆうりさんの
動作なので「けんじょう語」に直します。

⓴ ①の「食べて」は、「お食べになって」でもま
ちがいではありません。
②「参る」は「来る」のけんじょう語としても
使います。いっしょに覚えましょう。
③まずは語順を整えましょう。例文では、
主語があとにきているので前にもってきま
す。次に、「お母さん」を「母」に書きかえます。
④のだれか（何か）から聞いたという意味の
「なんだって」は、「なのだと」という書き言
葉に書きかえることができます。

06 漢字の読み書き②　▶ p.44-45

㉑ ①おんだん　②そうじゅう　③たず
　　④すじみち　⑤きけん　⑥しせい　⑦の
　　⑧すなば　⑨じゅうじゅん　⑩あら
　　⑪げきげん　⑫ふる

㉒ ①⑦　②⑦　③⑦　④⑦

㉓ ①⑦　②⑦　③⑦　④⑦

㉔ ①訪問　②砂時計　③洗練
　　④感激　⑤奮

考え方 ㉑ ③⑦⑩⑫は送り仮名が必要な訓読みです。②と⑨の「縦」と「従」は同じ部分をもつ漢字なので、書きまちがえないように注意しましょう。

㉒ ①の「縦」の音読みは「じゅう」です。縦方向や南北に進むことは「縦断」といい、横方向や東西に進むことは「横断」といいます。

④の「延期」の「延」は、部首を「⻌」としないように注意しましょう。

㉓ これらは送り仮名までふくめて書けるようにしましょう。

②の「危」は、書くときに漢字の形に注意しましょう。

④の「激」は、画数の多い漢字です。正しい書き順で、漢字のバランスを考えて書くようにしましょう。

㉔ ⑤の「奮って」は前後の文章から想像しにくい読み方の漢字です。漢字とともに、使い方もいっしょに覚えておきましょう。

07 言葉のはたらき　　　▶ p.46-47

㉕ ①イ　②ア　③ウ

㉖ (○をつけるほう)①だから　②しかし
③それとも　④つまり　⑤ところで

㉗ ①だからーイ　しかしーウ
　　そのうえーア
②ところがーウ　だからーア
　　しかもーイ

㉘ ①なぜなら　②つまり　③そうな
④しかし　⑤かも　⑥それとも

考え方 ㉕ 「～べきだ」「～そうだ」「～かもしれない」のほかに、「～ようだ」「～らしい」「～たい」など、前の言葉に付いて意味をそえる言葉はたくさんあります。「そうじするべきだ」「そうじしよう」「そうじしたい」はそれぞれ意味がちがいます。場面や気持ちに応じて、使い分けられるようにしましょう。

㉖ ③は、カステラとドーナツの2つを比べているので、「それとも」があてはまります。

④は、「母の妹」を言いかえて「おばさん」と言っているので、前の言葉を言いかえる「つまり」があてはまります。

⑤の「ところで」は、話題を変えるときに使う言葉です。

㉗ ①の⑦は、「妹」だけでなく「弟」ともけんかをしたのだと考えます。前の内容に後ろの内容を付け加える「そのうえ」を使ってつなぎましょう。①は、「けんか」が理由、「しかられた」が結果と考えて、「だから」でつなぎましょう。

②「ところが」は反対のことを言うとき、「だから」は前の内容から当然起こることを言うとき、「しかも」は付け加えて言うときに使います。「カロリーが高い」ということは、「食べすぎると健康によくない」ということだと考えて、後に続く内容を選びましょう。

㉘ 空らんの前後をよく読んで、どの言葉が入るかを考えましょう。「なぜなら～からです」などの決まった形があれば、そこから空らんをうめていきましょう。

算数の答え

01 対称な図形　▶ p.50-51

❷ ①E　②ED　③⑦垂直　①等しい

❸ ①I　②JK　③⑦O　①等しい

❹ ①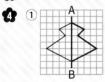　②

考え方 **❶** ①線対称な図形は、対称の軸を折り目にすると、両側の部分がぴったり重なります。

②点対称な図形は、対称の中心のまわりに180°回転させると、もとの図形にぴったり重なります。

❷ 線対称な図形の性質を覚えましょう。

❸ 点対称な図形の性質を覚えましょう。

❹ ①それぞれの点から対称の軸に垂直な直線をひき、長さを等しくとって対応する点をきめます。

②それぞれの点から対称の中心を通る直線をひき、長さを等しくとって対応する点をきめます。

02 文字と式　▶ p.52-53

❺ ①○×7=△　②x×7=y

③80、560、560

❻ ①x、50、y

②（x=100 のとき）100、50、550、550

（x=110 のとき）110、50、600、600

❼ ①x、120、y

②（x=170 のとき）120、800、800

（x=180 のとき）120、840、840

（x=190 のとき）120、880、880

190

❽ ①①　②⑧　③⑨

考え方 **❺** ②○や△のかわりに、文字 x や y を使います。

❻ ②x の値に対応する y の値を求めるときは、文字を使った式の x に数をあてはめて計算するとよいです。

❼ ②y の値が 880 になる x の値は 190 です。

❽ ①（6×a）÷2 は底辺が 6cm、高さが $a$cm の長方形の面積の半分を表すから、①になります。

②6×（a÷2）は、底辺が 6cm、高さが $a$cm の半分の長方形の面積を表すから、⑧になります。

③（6÷2）×a は底辺が 6cm の半分、高さが $a$cm の長方形の面積を表すから、⑨になります。

03 分数×整数、分数÷整数　▶ p.54

❾ ①3、5、15　②9、4、36

❿ ①⑦2　①6　⑦5　①12

②⑦8　①9　⑦5　①45

③⑦7　①2　⑦1　①14

④⑦7　①1　⑦2　①1　④14

考え方 **❾** 分数×整数と分数÷整数の計算のしかたを覚えましょう。

❿ ③④計算のとちゅうで約分をしましょう。

04 円の面積　▶ p.55

⓫ ①半径、半径

②⑦6、6、113.04、113.04

①7、7、7、153.86、153.86

⓬ ①12、12、144

②12、12、3.14、113.04

③144、113.04、30.96、30.96

考え方 **⓫** ②①半径は、14÷2=7(cm)だから、

7×7×3.14=153.86(cm²)

⓬ 正方形の面積から⑧の面積をひきます。

05 分数×分数 ▶ p.56-57

⓭ ①⑦ 7　④ 8　⑦ 21　① 40
　②⑦ 9　④ 4　⑦ 27　① 32

⓮ ①⑦ 3　④ 4　⑦ 27　① 28
　②⑦ 3　④ 1　⑦ 3　① 5
　③⑦ 1　④ 2　⑦ 5　① 14

⓯ ①⑦ $\frac{5}{2}$　④ $\frac{3}{8}$　⑦ 6　① $\frac{1}{8}$
　②あ、う、い

⓰ ⑦ ×　④ 4　⑦ 3　① 20　⑦ 27　⑪ $\frac{20}{27}$

考え方 ⓭ 分数×分数の計算のしかたを覚えましょう。
　②帯分数は仮分数になおして計算します。
⓮ 計算のとちゅうで約分をしましょう。
⓯ ②かけ算をしなくても、かける数の大きさで、積の大きさがわかります。
⓰ なべの水の量 がもとにする量、割合が $\frac{5}{6}$、やかんにいれる水の量 がくらべる量です。くらべる量を求めるから、かけ算です。

06 分数÷分数 ▶ p.58-59

⓱ ⑦ 8　④ 7　⑦ 24　① 35

⓲ ①⑦ 6　④ 5　⑦ 2　① 3　⑦ 8　⑪ 15
　②⑦ 5　④ 2　⑦ 2　① 25

⓳ ①い　②い、う、あ

⓴ ①⑦ 10　④ 1　⑦ 20
　②⑦ 5　④ 9　⑦ 1　① 2　⑦ 1　⑪ 2

考え方 ⓱ 分数÷分数の計算のしかたを覚えましょう。
⓲ ①計算のとちゅうで約分をしましょう。
　②帯分数は仮分数になおして計算します。
⓳ ①小麦粉 1L の重さは、
　$300÷\frac{3}{5}=300×\frac{5}{3}=500(g)$ です。
　②わり算をしなくても、わる数の大きさで、商の大きさがわかります。

㉑ ① 0.3 を分数になおすと、$\frac{3}{10}$ です。

07 角柱と円柱の体積 ▶ p.60-61

㉑ ①底面積、高さ　②底面積、高さ
　③ 35、8、280、280

㉒ ①い　② 12、8、6、10、600、600

㉓ ① 2、2、113.04、113.04　②あ

㉔ ① 3、1、15、15
　② 15、7、105、105

考え方 ㉑ 角柱や円柱の体積を求める公式を覚えましょう。
㉒ ①三角柱の底面は、底辺 4cm、高さ 3cm の直角三角形で、高さは 8cm です。体積は、$(4×3÷2)×8=48(cm^3)$ です。
　②台形の面積を求める公式は、（上底＋下底）×高さ÷2 です。
㉓ ②円の半径は、$6÷2=3(cm)$ だから、体積は、$(3×3×3.14)×5=141.3(cm^3)$ です。
㉔ ①底面は、1 辺が 3cm の正方形と、縦 6cm、横 1cm の長方形を組み合わせた形です。

08 比 ▶ p.62-63

㉕ ①⑦ 2、7、$\frac{2}{7}$　④ 9、3、3
　②⑦ 24　④ 3

㉖ ① 3　② 21、3　③ 4、15、4、15

㉗ ① 19：18　② 10：19　③ 1：2

㉘ ① 300　② 150、750、750

考え方 ㉕ ①比の値の求め方を覚えましょう。
　②⑦比の一方に 3 をかけているから、もう一方にも 3 をかけます。
　　④比の一方を 2 でわっているから、もう一方も 2 でわります。
㉖ 小数や分数の比は一度、整数の比になおしてから、できるだけ小さな整数の比になおすと考えましょう。

② 両方の数を 10 倍すると、

2.8 : 2.1 ＝ 28 : 21

両方の数を 7 でわって、4 : 3 です。

③ 両方の数を、分母の最小公倍数を使って通分してから、両方の数に分母の 18 をかけます。

㉗ ① 38 : 36 の両方の数を最大公約数の 2 でわって、19 : 18 です。

② 20 : 38 の両方の数を最大公約数の 2 でわって、10 : 19 です。

③ ゆきさんのクラスの女の子の人数は、

36－18＝18（人）です。

18 : 36 の両方の数を最大公約数の 18 でわって、1 : 2 です。

㉘ ② 等しい比の性質を使って、両方の数に 150 をかけると考えます。

09 拡大図と縮図　　　　　　▶ p.64-65

㉙ ① 拡大図、縮図　② 比　③ 大きさ

㉚ ① 2、2、2　② 2　③ 5　④ 6

㉛

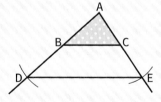

㉜ ① 5　② 1000、5000、5000、50、50

考え方 ㉙ 拡大図と縮図の性質を覚えましょう。

㉚ 辺 AB と辺 AD、辺 BC と辺 DE、辺 AC と辺 AE が対応しています。

①②辺 AD の長さは辺 AB の長さの、

4÷2＝2 で 2 倍だから、三角形 ADE は三角形 ABC の 2 倍の拡大図です。

③辺 AE の長さは、2.5×2＝5（cm）です。

④辺 DE の長さは、3×2＝6（cm）です。

㉛ コンパスで辺 AB の長さをとります。頂点 B にコンパスの針をおいて、直線 AB 上の頂点 A ではないほうに辺 AB の長さをとり、頂点 D をきめます。同じようにして、頂点 E もきめて、頂点 D と頂点 E を結びます。

㉜ ① 点 A から点 C までの長さをはかると 5cm です。

② 実際の長さは、縮図の長さの 1000 倍だから、5×1000＝5000（cm）です。

1m＝100cm より、5000cm＝50m です。

10 比例と反比例　　　　　　▶ p.66-67

㉝ ① 2 倍、3 倍　② します　③ ×

㉞ ①（左から順に）0、4、6

②

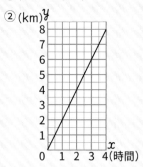

㉟ ① $\frac{1}{2}$、$\frac{1}{3}$　② します　③ ÷

㊱ ① 12

②（左から順に）12、6、3、3、6、1

③反比例する

考え方 ㉝ ②一方が 2 倍、3 倍、……になると、もう一方も 2 倍、3 倍、……になるとき、比例するといいます。

㉞ ②比例する 2 つの量の関係を表すグラフは、0 を通る直線になります。

㉟ ②一方が 2 倍、3 倍、……になると、もう一方が $\frac{1}{2}$、$\frac{1}{3}$、……になるとき、反比例するといいます。

③反比例する 2 つの量 x、y では、

$\boxed{x\text{の値}} \times \boxed{y\text{の値}} ＝ \boxed{\text{きまった数}}$ となるので、y を x の式で表すと、

$y ＝ \boxed{\text{きまった数}} \div x$ となります。

㊱ ①時間＝道のり÷速さ で求められます。

③①の式が反比例の関係を表す式になっていることや、②の表で、x の値（あたい）が 2 倍、3 倍、……になると、y の値が $\frac{1}{2}$、$\frac{1}{3}$、……になることからわかります。

11 場合の数　▶ p.68-69

㊲ ①左　　真ん中　　右　②6

あ〈ひ—る
　　る—ひ
ひ〈あ—る
　　る—あ
る〈あ—ひ
　　ひ—あ

㊳ ①十の位　　　一の位　②9

2〈0
　3
　5
3〈0
　2
　5
5〈0
　2
　3

㊴ ①

	赤	青	黄	緑	黒
赤		○	○	○	○
青			○	○	○
黄				○	○
緑					○
黒					

②10

㊵ ①

赤	青	黄	緑	黒
×				
	×			
		×		
			×	
				×

②5

考え方 ㊲ ①左、真ん中、右の順にきめて、図をかきます。

㊳ 0は十の位には使えないことに注意します。

㊴ 組み合わせだから、「赤と青」と「青と赤」は同じものとして考えます。

㊵ 使わない1色を選ぶ組み合わせを考えます。

12 データの調べ方　▶ p.70-71

㊶ ①27　②26、28　③28　④28

㊷ ①

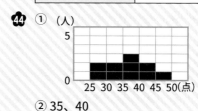

②26

㊸

得点（点）	人数（人）	
25以上〜30未満	丅	2
30　〜35	丅	2
35　〜40	下	3
40　〜45	丅	2
45　〜50	一	1
計		10

㊹ ①（人）

5
0
25 30 35 40 45 50(点)

②35、40

考え方 ㊶ ①平均値（へいきんち）は、

データの値の合計 ÷ データの個数

で求めます。

（22＋31＋28＋26＋28）÷5
＝135÷5＝27（m）です。

③②で真ん中にある記録の値を答えます。

④5人のボール投げの記録の値の中で、いちばん多く現れる値は 28 です。

㊷ ②①でかいた図をみて、番号がいちばん多くかかれている数直線の値を答えましょう。

㊸ 正の字を使って、数えまちがいのないようにしましょう。

㊹ ①縦（たて）の棒（ぼう）は、つなげてかくようにします。

理科の答え

01 ものが燃えるとき　▶ p.74-75

◆1 減る、増える、酸素、二酸化炭素
◆2 空気、下、上
◆3 ①減る　②二酸化炭素　③変化しない
◆4 ①ア　②イ　③ウ　④イ

考え方 ◆1、◆3　ろうそくや木などが燃えるとき、空気中の酸素の一部が使われ、二酸化炭素ができます。
◆2 新しい空気が下から入り、燃えた後の空気が上から出ていくので、コンロの中の空気が入れかわり、炭がよく燃えます。
◆4 空気中にもっとも多くふくまれている気体はちっ素です。酸素にはものを燃やすはたらきがあり、酸素中でものを燃やすと、空気中より激しく燃えます。石灰水は、二酸化炭素にふれると白くにごります。

02 ヒトや動物の体①　▶ p.76-77

◆6 ①ア食道　イ大腸　ウ胃　エ小腸
②口→ア→ウ→エ→イ→こう門　③エ
◆7 でんぷんの液、ヨウ素液、
青むらさき、だ液
◆8 ①二酸化炭素　②エ

考え方 ◆5、◆6　口→食道→胃→小腸→大腸→こう門までの、食べ物が通る管を消化管といいます。消化された養分は、おもに小腸で吸収されます。
◆7 でんぷんにヨウ素液をつけると、青むらさき色に変わります。だ液は、でんぷんを体に吸収されやすい別のものに変えるはたらきがあります。
◆8 肺のはたらきで、酸素を体内に取り入れ、二酸化炭素を空気中に出しています。

03 ヒトや動物の体②　▶ p.78-79

◆9 血管、心臓、酸素、二酸化炭素、臓器
◆10 ①心臓　②脈はく　③多くなる
◆11 ①じん臓　②不要なもの、にょう
③ぼうこう
◆12 心臓：さくや　肺：ますみ
小腸：いたる　かん臓：つづる

考え方 ◆9　血液は血管の中を流れています。ヒトや動物の体の中には、肺や心臓、かん臓、胃、小腸などがあり、これらを臓器といいます。
◆10 心臓の動きをはく動といい、手首などでは脈はくとして感じることができます。
◆11 じん臓では、不要なものが水とともにこし出され、にょうがつくられます。
◆12 心臓は、縮んだりゆるんだりをくり返し、血液を全身に送り出すはたらきをしています。

04 植物のつくりとはたらき　▶ p.80-81

◆13 日光、水、根、葉、蒸散
◆14 ①気体　②蒸散
◆15 ①ア二酸化炭素　イ酸素
②呼吸　③行われる
◆16 イあった　ウなかった

考え方 ◆13、◆14　植物が根から吸い上げた水は、水蒸気となって気こうという小さな穴から空気中へ出ていきます。これを蒸散といいます。
◆15 酸素を取り入れ、二酸化炭素を出すはたらきを呼吸といいます。植物は、昼も夜も呼吸をしています。
◆16 アルミニウムはくで包んだままのウの葉には、日光が当たらないので、でんぷんはできません。

⑱ ①食物れんさ　②エ→イ→ア→ウ
　③つながっている
⑲ ①⑦二酸化炭素　④酸素
　②呼吸　③植物
⑳ 植物、水

考え方 ⑰、⑳　生物は、食べ物や水、空気を通してかかわり合っています。
⑱ リスは木の実を食べ、ヘビはリスを食べ、イタチはヘビを食べます。
⑲ 植物は日光が当たると、空気中の二酸化炭素を取り入れ、酸素を出します。また、植物も動物も呼吸(こきゅう)により、酸素を取り入れ、二酸化炭素を出します。これらのことから、図の⑦が二酸化炭素、④が酸素であることがわかります。

㉑ 酸性、アルカリ性、ある
　あわを出してとける、ある
㉒ 中性、酸性、アルカリ性
㉓ 食塩水―食塩、炭酸水―二酸化炭素、
　塩酸―塩化水素、さとう水―さとう
　(とけているものが気体の水よう液)
　炭酸水、塩酸
㉔ ①⑦うすい塩酸　④食塩水
　②あ

考え方 ㉑、㉒　リトマス紙の色の変化で、酸性・中性・アルカリ性に分けられます。食塩水は中性、炭酸水やうすい塩酸は酸性、うすいアンモニア水はアルカリ性です。
㉓ 水よう液には気体がとけているものもあり、二酸化炭素がとけた水よう液が炭酸水、塩化水素がとけた水よう液が塩酸です。
㉔ うすい塩酸には、金属を別のものに変化させるはたらきがあります。

㉖ ①ウ　②エ　③イ
㉗

㉘ 岩石、クレーター、光

考え方 ㉕　月は、自分では光を出さず、太陽の光が当たっている部分が明るく見えます。
㉖ 図の半月(右)(はんげつ)のあと、約1週間で満月(まんげつ)になります。また、月は、約1か月でもとの形にもどります。
㉗ ボールのどちら側に電灯があるかで、光が当たった明るい部分の見え方が変わります。
㉘ 月の表面は、岩石や砂(すな)でおおわれ、クレーターとよばれる円形のくぼみがあります。

㉚ ①地層　②れき　③どろ
㉛ ①丸みのある　②分かれて　③水、水底
㉜ でい岩：ゆか　砂岩：みさき
　れき岩：なつか

考え方 ㉙　地層(ちそう)は、流れる水のはたらきによって運ばんされた土が、水底にたい積してできたものです。
㉚ つぶの大きさによって、大きいものから、れき、砂、どろに分けられます。
㉛ 流れる水のはたらきで運ばれてきた土は、つぶの大きいものから順にたい積します。
㉜ れきと砂などが混じって固まったものがれき岩、同じくらいの砂のつぶが固まったものが砂岩(さがん)、どろのつぶが固まったものがでい岩です。かずはさんは化石のことを話しています。

09 大地のつくりとその変化② ▶ p.90-91

㉝ 流れる水、火山灰、化石、断層、湖

㉞ ⑦、⑨、⑪

㉟ ①① ②①

㊱ ①断層 ②地震 ③火災 ④津波
　⑤避難訓練

考え方 ㉝ 地層には、火山のふん火によってできたものもあります。地震や火山のふん火によって、大地が変化することがあります。

㉞ 地層から化石が見つかると、大地がどのようにできたか知る手がかりになります。地層から昔の貝の化石が出てきたことから、この地層は水中でできたことがわかります。

㉟ 火山灰のつぶは、角ばったものが多く、とがったガラスのかけらのようなつぶが見られることもあります。

㊱ 地震が起こると、地割れや山くずれ、津波などが発生することがあります。それにともない、大きな災害が発生することがあります。

10 てこのはたらき ▶ p.92-93

㊲ 長く、短く、等しい

㊳ ①支点：⑨　力点：⑦　作用点：①
　②支点：しゅん　力点：はるな
　　作用点：はやと

㊴ ①

㊵ ①⑦ ②遠い部分

考え方 ㊲ てこを使うと、小さな力で重いものを持ち上げたり動かしたりすることができます。てこの左右のうでで、うでをかたむけるはたらきが等しいとき、水平につり合います。

㊳ 力を加えるところを力点（⑦）、てこを支えるところを支点（⑨）、ものに力がはたらくところを作用点（①）といいます。

㊴ 左のうでのてこをかたむけるはたらきは、30×4＝120 です。右のうでにつるすおもりの重さを□g とすると、右のうでのてこをかたむけるはたらきが、□×3＝120 となればつり合います。このとき、□＝40 となります。よって、右のうでのきょり3 の位置に 40g のおもりをつるせば、てこはつり合います。

㊵ せんぬきは、作用点が中にある道具です。支点から遠い部分を持つと、支点から力点までのきょりが長くなるので、より小さな力でせんを開けることができます。

11 電気の利用 ▶ p.94-95

㊶ つくる、たくわえる、光、音

㊷ 手回し発電機、光電池

㊸ ①⑨ ②①

㊹ ①光 ②熱 ③ラジオ ④アイロン
　⑤洗たく機

考え方 ㊶ 発電機は電気をつくり、コンデンサーは電気をたくわえることができます。私たちは、電気を光や音、熱、運動に変かんして利用しています。

㊷ 手回し発電機や光電池（太陽電池）を使うと、電気をつくることができます。

㊸ コンデンサーにたくわえた電気で、豆電球の明かりをつけたり、電子オルゴールの音を出したりすることができます。

㊹ 電子オルゴールやラジオは電気を音に、かい中電灯やけい光灯は電気を光に、トースターやアイロンは電気を熱に、せん風機や洗たく機は電気を運動に変かんして、利用しています。

01 縄文時代～大和朝廷　▶ p.98-99

2 ①ウ―石包丁　②ア―はにわ
③イ―銅鐸

3 ①×　②×　③○　④○　⑤○

4 ①卑弥呼　②中国　③渡来人

考え方 1 縄目の文様があり、厚い土器が縄文土器、うすくてかたい土器が弥生土器です。

2 ①の石包丁は稲の穂をかり取る道具、②のはにわは古墳の表面に並べられた素焼きの土製品、③の銅鐸は祭りに使われた道具。

3 ①吉野ヶ里遺跡は弥生時代の遺跡です。②弥生時代、西日本を中心に米づくりが広がっていきました。

4 ①②卑弥呼が中国に使者を送ったことが、中国の歴史書に書かれています。

02 飛鳥時代～奈良時代　▶ p.100-101

6 ①―聖徳太子　②―中大兄皇子
③―行基

7 ①租　②3　③調　④10

8 ①天皇　②蘇我氏　③中臣鎌足　④律令

考え方 5 大化の改新を始めた中大兄皇子は、その後即位して天智天皇になりました。

6 ①十七条の憲法を発表したとあるので、聖徳太子です。②蘇我氏をたおして大化の改新を始めたとあるので、中大兄皇子です。③聖武天皇にたのまれて大仏づくりに協力とあるので、行基です。

7 稲の収穫高の約3%を納めるのが租、布や地方の特産物を納めるのが調、10日間の労働をするか布を納めるのが庸です。

8 聖徳太子が天皇中心の政治を目指し、大化の改新を経て、8世紀初めに律令ができ、天皇中心の政治体制が整いました。

03 平安時代の文化　▶ p.102

10 ①源氏物語　②小説　③大和絵
④枕草子　⑤随筆

考え方 9 Cかな文字のうち、ひらがなは漢字をくずしてつくられ、カタカナは漢字の一部からつくられました。

10 ①④『源氏物語』と『枕草子』はともに、かな文字で書かれました。

04 鎌倉時代　▶ p.103

12 ①―ウ　②―イ　③―エ　④―ア

考え方 11 源頼朝と武士たちは、ご恩と奉公の関係で結びついていました。

12 ②元は「てつはう」という新しい武器を使いせめてきました。

05 室町時代の文化　▶ p.104

14 ①室町幕府　②足利義満　③書院造

考え方 13 金閣を建てた人物と銀閣を建てた人物をまちがえないようにしましょう。

14 ③書院造の部屋は、ふすまや障子で仕切られて、たたみがしかれ、床の間が設けられています。

06 戦国時代　▶ p.105

16 ①楽市・楽座　②検地　③江戸

考え方 15 豊臣秀吉が行った刀狩と検地によって、武士と百姓・町人(商人や職人)という身分が区別されました。

16 ①織田信長は、だれでも商売ができる楽市・楽座の政策を行い、市場の税や関所をなくすことなどで、商業や工業をさかんにしました。

18 ①ーイ　②ーア　③ーウ
19 ①杉田玄白　②近松門左衛門
③本居宣長　④伊能忠敬
20 ②⑤に〇

考え方 17 江戸幕府は、参勤交代や鎖国などの政策によって、全国支配の力を強めました。

18 ①浮世絵は版画なので大量に刷ることができました。そのため、人々は安く手に入れることができました。

19 ①蘭学は西洋の学問、国学は仏教や儒教などが中国から伝わる以前の日本人の考え方を研究した学問です。

20 ①参勤交代は、大名を1年おきに自分の領地と江戸を行き来させる制度です。③江戸幕府が厳しく取りしまったのはキリスト教です。④江戸時代に貿易が許されたのは、オランダと中国です。

22 ①西郷隆盛　②大久保利通　③板垣退助
23 ①文明開化　②福沢諭吉　③20
24 ①A地租改正　B廃藩置県
②伊藤博文　③大日本帝国憲法

考え方 21 アメリカのペリーが来航したあと、日本国内で江戸幕府に対する不満が高まり、幕府は政権を朝廷に返しました。そして、新しい政府による強い国づくりが始まりました。

22 木戸孝允は、五箇条の御誓文をつくり、新しい政治の方針を示した人物です。

23 ①文明開化は、明治政府が近代化を目指して、ヨーロッパやアメリカの文化を積極的に取り入れたことから、都市を中心に起こりました。

24 ③大日本帝国憲法では、主権は天皇にありました。

26 ①ーウ　②ーア　③ーイ
27 ①野口英世　②北里柴三郎
③与謝野晶子　④新渡戸稲造
28 ④⑤に〇

考え方 25 日清戦争、日露戦争ともに、日本は勝ちました。その後、日本は朝鮮や中国に勢力をのばそうとしましたが、太平洋戦争に負け、アメリカ軍などの連合国軍に占領されました。

26 日本は、①の領事裁判権を認めていたため、外国人が日本国内で罪をおかしても、その外国人を日本の法律でさばくことはできませんでした。また、②の関税自主権がなかったため、外国から輸入した製品が日本製品よりも安く、国内産業は苦しめられました。

27 ①野口英世は、南米のエクアドルやアフリカのガーナに行き、黄熱病の調査や研究を行いました。

28 ①陸奥宗光は領事裁判権をなくすことに成功しました。関税自主権の回復に成功したのは小村寿太郎です。②日中戦争ではなく日清戦争です。八幡製鉄所は、日清戦争で得た賠償金の一部を使って福岡県北九州市（エ）に建てられました。③満20才以上の男女ではなく、満25才以上の男子のみです。⑤原子爆弾が落とされたのは、広島（ウ）と長崎（オ）です。

30 ①東海道　②東京　③三種の神器
31 ④→①→③→②
32 ①ア　②エ　③イ　④ウ

考え方 29 第二次世界大戦後の昭和時代には、連合国軍の指導のもとで戦後改革が行われ、その後、日本は主権を回復しました。

⭐30 ③のちに登場したカラーテレビ、自動車、
クーラーは3C（シー）とよばれました。

⭐31 ①は1972年、②は2002年、③は1995年、
④は1956年のできごとです。

⭐32 ①日本国憲法の施行は、1947年です。

11 日本国憲法、国会、内閣、裁判所 ▶ p.114-115

⭐34 ①参議院（さんぎいん） ②国務大臣（こくむだいじん） ③天皇（てんのう）
④裁判員（さいばんいん）

⭐35 ①㋐B ㋑C ㋒G ②A、F

⭐36 ①A ②D ③C ④B ⑤A ⑥B
⑦A ⑧D

考え方 ⭐33 国の重要な役割を国会、内閣、裁判所
の3つの機関が仕事を分担（ぶんたん）して進めるしく
みを三権分立（さんけんぶんりつ）といいます。

⭐34 ②国務大臣は内閣総理大臣によって任命され
ます。③日本国憲法では、天皇は日本の国や
国民のまとまりの象徴（しょうちょう）（しるし）とあります。

⭐35 ②国民の義務には、仕事について働く勤労（きんろう）
の義務、税金を納める納税の義務、子ども
に教育を受けさせる義務の3つがあります。

⭐36 内閣は、国会が決めた法律（ほうりつ）や予算にもとづ
いて実際に政治を行います。

12 選挙、市の政治のしくみ ▶ p.116-117

⭐38 さとる

⭐39 ①自衛隊 ②都道府県 ③ボランティア

⭐40 ①⑤⑥に〇

考え方 ⭐37 市長や市議会議員は、常に市民の目線
でものごとを考えるように求められていま
す。

⭐38 市長や市議会議員、衆議院議員、参議院議
員の選挙で投票できるのは、選挙権をもつ
18才以上の国民です。市長や市議会議員、
衆議院議員に立候補（りっこうほ）できるのは25才以上、
参議院議員、都道府県知事に立候補できる
のは30才以上です。

⭐39 ③東日本大震災（ひがしにほんだいしんさい）のときも、がれきの撤去（てっきょ）や
たき出しなどで多くのボランティアの人た
ちが活やくしました。

⭐40 ②市の予算を決定するのは市議会です。③
税金を納めることは国民の義務であり、す
べての人が納めなければなりません。④警（けい）
察（さつ）の仕事は国や県、裁判の仕事は国の仕事
です。

13 日本とつながりの深い国々 ▶ p.118

⭐42 ①旧正月 ②キムチ ③漢（かん）（民）族
④ジーンズ ⑤ハンバーガー
⑥イスラム教

考え方 ⭐41 中国（ちゅうごく）の経済特区（けいざいとっく）では、外国企業（きぎょう）が税金
や貿易の面で優遇（ゆうぐう）されています。儒教（じゅきょう）は、
中国の孔子（こうし）が広めた教えです。サウジアラ
ビアの輸出のうち約80％が石油に関連し
たものです（2020年）。

⭐42 ①ソルラルは韓国（かんこく）の伝統的な行事です。②
キムチは韓国のからいつけものです。

14 国際連合、日本の役割 ▶ p.119

⭐44 ①-㋑ ②-㋒ ③-㋐

考え方 ⭐43 国際連合は、世界の平和と安全を守り、
よりよい人々のくらしを目指して、1945
年に生まれました。

⭐44 NGO（エヌジーオー）は非政府組織、ODA（オーディーエー）は政府開発援（えん）
助（じょ）の略称です。青年海外協力隊はODAの
活動の1つです。ユニセフは、食料不足や
戦争による飢（う）えできびしいくらしをしてい
る地域（ちいき）の子どもたちを援助（えんじょ）する目的でつく
られた、国際連合の機関です。